VERS UNE
NAISSANCE SACRÉE

FLORENCE BERTIN

VERS UNE NAISSANCE SACRÉE

© 2025, Florence Bertin
© Couverture: Croizier Perrine
Édition : BoD · Books on Demand, 31 avenue Saint-Rémy,
57600 Forbach, bod@bod.fr
Impression : Libri Plureos GmbH, Friedensallee 273,
22763 Hamburg (Allemagne)

ISBN: 978-2-3225-4241-3
Dépôt légal: Février 2025

A mes enfants
A mes petits-enfants
A tous ces petits Êtres que j'ai eu le privilège
d'accompagner dans leur processus d'incarnation

Avec tout mon Amour

TABLE DES MATIÈRES

MA FEUILLE DE ROUTE

Ce livre ne peut avoir de sens que si je vous dévoile ma feuille de route élaborée par mon Esprit pour cette incarnation.

Petite, je me questionnais déjà sur le bien-fondé de notre voyage terrestre, observant autour de moi beaucoup de souffrance. Bien évidemment, je n'obtins à ce moment-là aucune réponse.

Grandissant dans une cellule familiale dysfonctionnante, je ne pus m'appuyer sur mes parents pour comprendre le monde dans lequel j'avais été catapultée.

Si aujourd'hui, j'assume pleinement le fait de les avoir choisi comme guides terrestres, il n'en est pas moins qu'enfant, je ne me sentais pas soutenue dans cette nouvelle expérience dans la densité.

Ce sentiment de solitude, qui m'a longtemps accompagnée, me permettait de m'échapper souvent d'une réalité alimentée essentiellement de peur et de tristesse.

Seule, face à moi-même, j'arrivais à me créer un monde imaginaire dans lequel je contactais la Joie d'Être. Cet état de félicité me permettait de supporter le quotidien. Dans ces moments-là , j'étais capable de douter de la véracité du monde qu'on nous présentait. Et si tout cela n'était qu'un rêve cauchemardesque?

Grandissant en conscience, j'ai compris bien plus tard que l'environnement familial, choisi par mon Esprit, représentait juste les conditions idéales pour me réconcilier avec Qui J'étais au-delà de la forme et que l'univers dans lequel je me réfugiais n'avait rien d'imaginaire. Il était juste une autre réalité dans laquelle je fusionnais avec ma part divine.

Une réalité dans laquelle je me sentais exister, vivre.

Pourtant, au fil d'années, comme tous les enfants de cette planète, j'ai été conditionnée et de plus en plus formatée par l'organisation systémique sociétale, à commencer par le système éducatif. C'est ainsi que progressivement je me suis détournée de cette connexion directe à mon Êtreté sans pour autant en être coupée.

En effet, la voie du cœur m'a toujours guidée m'empêchant, parfois contre mon gré, de m'éloigner de mon chemin de vie.

Aussi, j'ai fait au cours de ma vie des choix audacieux, déroutant quelques fois mon entourage mais leur raison d'être était de me conduire à ma juste place pour œuvrer au service de l'humanité.

Cette reliance m'a permis avant tout d'observer mon entourage avec clairvoyance, ne me laissant pas prendre aux pièges d'une société corrompue.

Évidemment, jusqu'à encore il y a quelques années, cette vision m'amenait à croire que c'était moi le problème, dès lors que je pensais, fonctionnais, réagissais différemment des autres.

Longtemps, je me suis sentie exclue des groupes auxquels j'étais censée appartenir, de mon cercle familial jusque dans ma sphère professionnelle en passant par mon réseau amical. Si cette sensation de non-appartenance m'a rendue parfois vulnérable, elle m'a surtout aidée à contacter ma force intérieure pour me dépasser, me retrouver, m'accomplir.

A ce jour, j'ai conscience que nous sommes tous Un et que cette différence ne réside que dans notre état vibratoire qui crée sa propre réalité. J'étais donc juste née avec une fréquence vibratoire différente de la plupart des humains que je côtoyais, me faisant voir le monde autrement.

La cause de l'enfant m'a toujours habitée depuis mon plus jeune âge. Sa non-considération par l'adulte voire sa maltraitance m'ont été insupportables pendant des années.

Très tôt dans ma vie, j'ai expérimenté cette condition de soumission, ne me sentant ni respectée, ni aimée pour Qui J'Étais réellement.

J'ai longtemps ressenti en moi beaucoup de colère, frustrée de ne pas être reconnue à ma juste valeur. Je saisissais chaque circonstance pour exprimer ce sentiment d'injustice que je ressentais au plus profond de moi. Malheureusement, je n'étais ni entendue ni comprise...

Défier le pouvoir a été pour moi, dans ma vie d'enfant, un combat que j'ai continué de mener plus tard au nom de tous ces petits êtres vulnérables dont la liberté d'Être a été bafouée depuis des éons.

Du point de vue de l'alchimiste que j'ose incarner aujourd'hui, mon regard sur cette problématique sociétale a évolué. Détachée et libérée de l'emprise astralisée, je m'autorise maintenant à œuvrer à mon humble niveau pour le démantèlement de cette organisation archontique qui condamne, sacrifie l'enfant dès sa naissance.

Comment déconstruire un mode de fonctionnement collectif sans en explorer les fondements ?

Redonner à l'Être qui atterrit sa vraie nature et sa juste place au sein de l'humanité est primordial pour démonter l'organisation pyramidale en place qui l'asservit.

Tout commence avec le processus d'incarnation qui s'étend de sa conception dans la matière jusqu'à sa phase d'ancrage à Gaïa, située la plupart du temps vers ses neuf mois de vie.

15

Est concernée alors l'entièreté du champ de la périnatalité qu'il est urgent de réformer.

Pour changer de paradigme quel que soit le domaine, bien connaitre les rouages de celui qu'on juge obsolète est essentiel.

Aussi, le hasard, toujours au service de notre Êtreté, m'a conduite dès la fin de mon cursus scolaire à plonger au cœur de la naissance en m'engageant dans des études de sage-femme.

Si à ce moment-là de ma vie, j'ai eu l'impression que le choix d'orientation professionnelle était arbitraire, à ce jour je n'ai aucun doute que cette expérience faisait partie intégrante de mon plan de vie.

Si j'ai pu accueillir chaque nouveau-né que j'ai eu le privilège d'accompagner dans une énergie d'Amour, je ressentais continuellement malgré tout, en arrière-fond, un sentiment de non-accomplissement mêlé à de la tristesse et de la colère.

Je n'ai pu mettre des mots sur cet état qu'une fois sortie de ce milieu si hostile.

C'était un état de frustration qui n'était pas sans rappeler celui que je contactais petite, privée de ma liberté d'Être.

Mais, au-delà de ne pas pouvoir accompagner les couples qui enfantaient suivant la voie de mon cœur, soumise aux injonctions institutionnelles, je réalisai alors que j'avais bafoué leur propre liberté et celle de leur enfant, leur imposant des procédures obstétricales bien établies, désacrifiant ainsi la nature l'évènement...

Après une immersion de vingt-cinq ans au sein de cette communauté jusque dans les coulisses de la formation des futurs sage-femmes, l'Être Divin que Je Suis a décidé que j'étais prête à quitter ce navire chavirant pour me ramener à une toute autre réalité plus ajustée à sa vibration.

Bien évidemment, cette sortie impromptue, non planifiée par mon égo est venue le heurter de plein fouet jusque dans ses tréfonds. La souffrance engendrée à ce moment-là a laissé remonter progressivement à la surface des mémoires de trahison, de maltraitance dont ma personne était porteuse.

Cette introspection, au-delà de me libérer de programmations astralisées, m'a permis de mettre en lumière de conscience le conditionnement maltraitant qui régit le champ de la périnatalité, violant les notions de respect et liberté.

Enfin, je me rendis compte que le processus de l'enfantement avait été pris en otage depuis très longtemps par le monde de la pensée rationnelle dans lequel il n'y avait aucune place pour le Divin.

Assujettis à la conscience ordinaire, les professionnels de la naissance ne peuvent pas reconnaitre le petit Être, qui atterrit, à sa juste valeur. De surcroit, ils sont incapables d' initier les parents à le faire. Dès son entrée dans la matière, l'enfant est déjà sacrifié.

Parallèlement, je comprenais petit à petit ce qu'il m'avait été donné de vivre dans cette incarnation, les faces à faces nécessaires à mon évolution pour pouvoir œuvrer avec la Lumière, transmutant en moi ainsi toutes ces zones d'ombres qui n'étaient en fait que le reflet d'un fonctionnement collectif.

Si tous les Esprits de l'humanité n'ont qu'un seul but, celui de faire rayonner l'énergie d'Amour sur terre, chacun selon un plan bien établi, le mien devenait de plus en plus clair. Il était de participer humblement à lever le voile sur la naissance pour la ramener à sa réalité quantique.

Ma mise au bûcher par l'institution pour avoir osé dénoncer des pratiques professionnelles douteuses relatives à la formation des sage-femmes m'a été salutaire. J'exprime d'ailleurs ma gratitude envers toutes les personnes qui ont participé de près ou de loin à mon expulsion de cette grande famille.

En effet, sans cette descente dans les méandres de mon corps de souffrance, je n'aurais pu ni renaitre à Qui Je Suis, ni reconnaitre l'Être Divin que j'incarne ici-bas.

Retrouvant graduellement, depuis cet ultime face à face, tout mon potentiel de Lumière et mon autonomie quantique, c'est tout naturellement que je transmets présentement , au travers de mes activités de thérapeute et de formatrice, cette approche sacrée de la naissance qu'il m' a été donné d'appréhender.

Chaque accompagnement de l'enfant, dès sa vie intra utérine, et de ses parents est un cadeau de la Vie qui m'initie davantage, me rapprochant de la Vérité Absolue et me renseigne sur une réalité multidimensionnelle à laquelle je n'avais pas accès il y a encore quelques années.

Dépositaire de ce savoir inné, j'ai reçu l'information de mon Esprit que le temps était venu de le communiquer au-delà de ma propre sphère professionnelle. C'est la raison d'être de ce livre dont toutes les étapes, de sa conception à sa naissance ont été accompagnées par l'énergie d'Amour.

Puisse-t-il s'ancrer sur terre et être accueilli par vous tous, mes frères et sœurs de Lumière, dans ce même rayonnement.

QUI SOMMES-NOUS ? D'OU VENONS-NOUS ?

Que nous soyons futur parent, parent ou professionnel de la naissance, il est essentiel voire indispensable d'avoir une vision au plus juste de notre origine primordiale afin d'accompagner le petit Être qui s'incarne sur terre avec la conscience de Qui Il Est réellement, au-delà de sa forme physique.

Considérons que toute Vie est issue de la Source Centrale, Alcyone, une des sept étoiles située dans les Pléiades, elle-même créée par le Feu de l'Amour, appelé en d'autres termes l'Absolu, l'Éternité, l'Unité, le point Zéro où ni le temps ni l'espace n'existe.

Du point de vue de la Création, cette Source peut se définir comme le Divin , la Lumière, la fusion du Masculin et Féminin Sacrés appelée Androgynie Primordiale. Elle est de ce fait l'énergie originelle, le Verbe Créateur, à l'origine de toute manifestation de la Vie.

Au commencement, ce furent de multitudes, d'innombrables fractales de cette Lumière, dotées de structures géométriques pour créer, qui ont participé à l'émergence de nouveaux mondes, d'univers et de multivers, délestant à chaque création une part de leur nature originelle.

Gaïa, notre terre fut d'ailleurs le premier monde à émerger au sein de notre Univers, créée à partir d'une particule de Sirius, présente à ce jour dans le noyau cristallin de notre planète.

Puis vint le temps de voyager en tant qu'Esprits de la Source à travers ces mondes afin de les appréhender, les observer.

Chaque Esprit restait libre de se manifester là où il le souhaitait , se déplaçant avec sa merkabah individuelle, son propre vaisseau et œuvrant avec un corps de Lumière en résonnance vibratoire avec la dimension dans laquelle il entrait. Il explorait entre autres notre Terre, y restait le temps nécessaire et en partait quand il le souhaitait pour d'autres destinations galactiques.

Sur un plan linéaire, ce processus a duré des milliards d'années.

Puis, il y a 320 000 ans, les Esprits qui s'étaient incarnés sur terre pour expérimenter sa densité se sont fait duper, emprisonnés par des forces involutives représentées par des Êtres de 2ème et 4ème dimensions, appelés les Archontes.

Ces derniers créèrent un voile électromagnétique appelée matrice astrale dont le but était d'asservir l'humain pour s'approprier et utiliser ses vertus et dons divins.

La matrice peut être définie comme un monde holographique dans un espace-temps, un monde imaginaire simulé.

Des couches isolantes au niveau de l'atmosphère terrestre ont alors fait courber le temps, l'espace, séparant les êtres humains de Qui Ils Étaient réellement, des Esprits Libres provenant de la Source Originelle.

Suite à différentes manipulations de maitres généticiens archontiques, le corps de l'être humain a dès lors subi des modifications, notamment sur un plan électromagnétique, électrochimique, de sorte à être détourné de sa nature divine. Ses structures énergétiques, ses fonctions et organes ont été transinversés falsifiant ainsi la réalité de Qui Il Était, le projetant dans un monde artificiel fait d'illusions.

Des programmes ont été insérés dans sa psyché, dans la chimie de son corps physique et dans ses corps subtils pour le faire adhérer à la conscience collective, aux règles, aux codes, aux lois imposées .

L'être humain est devenu alors un gigantesque programme implanté au service de cette matrice, coupé de l'Amour Divin, de sa Sagesse et de la Connaissance.

Pour animer le corps chimie, une énergie, assimilée à l'Âme, a été créée pour maintenir l'humain dans la matière, dans l'enfermement selon un processus d'incarnations et de désincarnations successives.

Celui-ci a eu pour but de le façonner à jouer un personnage lors de chaque vie terrestre, par le biais de son subconscient.

Lors de sa mort physique, un filament appelé cordon d'argent ramenait son Âme dans le champ électromagnétique du vaisseau archontique, pour la préparer à sa prochaine incarnation.

Il en a été ainsi de vie en vie pendant des centaines de milliers d'années.

C'était la loi du karma.

Jeshua, qui avait retrouvé lors de sa vie terrestre son Essence Originelle a été l'un des premiers à conscientiser ce mensonge cosmique. Il ouvrit alors, de par son rayonnement, une première faille dans la principale couche isolante qui séparait notre monde de la Source. L'énergie divine put commencer à s'y introduire. Le changement de conscience était enclenché…

Il faudra attendre un peu plus de deux mille ans pour que cette couche disparaisse totalement et que la Lumière se déverse sur terre avec toute sa puissance.

Depuis plus d'une dizaine d'années, le vaisseau archontique, à l'origine de l'enfermement, a quitté notre monde.

Peu à peu, les couches isolantes disparaissent de notre atmosphère nous faisant entrevoir une autre réalité, au-delà de la forme.

Petit à petit, la matrice astrale s'effondre pour laisser place à la matrice christique (matrice de Lumière), mettant ainsi fin à la roue karmique et nous invitant à nous reconnecter à notre réalité quantique.

Une nouvelle Ère est amorcée, l' Ère de la réunification.

Les petits Êtres qui s'incarnent présentement sur Gaïa ne proviennent plus de cette matrice falsifiée mais de mondes unifiés ou directement de la Source. Ils arrivent sur terre en Esprits Libres, rayonnants pleinement l'énergie d' Amour inconditionnel jusque dans leur corps de matière tels des diamants bruts.

Chacune de leur venue est là pour nous initier, nous montrer le chemin de la libération, nous faire faire prendre conscience que nous aussi nous sommes cela, des Êtres Divins incarnés dans un corps de chair.

Chacun de nous est une étincelle, une fractale de Lumière issue de la Source Originelle.

Nous sommes tous UN.

RECONNEXION À SON ÊTRETÉ

Dans les formations que je propose, j'initie les personnes qui y participent à acquérir une posture de thérapeute selon un référentiel pour accompagner au plus juste l'autre sur son chemin de guérison.

Dans un premier temps, je leur fais prendre conscience *qu'on ne peut accompagner l'autre jusque nous-mêmes nous sommes allés, nous avons plongé.* Ceci relève du bon sens.

Aussi, cet adage peut être transposé à la guidance des petits Êtres qui s'incarnent sur terre.

Qu'on soit parent ou professionnel, nul ne pourra prétendre les accompagner à rester connectés à leur vraie nature, au-delà de la forme si lui-même ne s'est pas réconcilié avec son aspect divin, son Êtreté.

Présentement, l'Être humain continue à nourrir malgré lui cette matrice falsifiée dans laquelle il a été enfermé depuis des éons.

En effet, il reste soumis aux forces du subconscient qui alimente son état émotionnel , conditionne ses comportements et nourrit ses croyances.

Le subconscient est une programmation, une fréquence créée par les Archontes dans le but d'altérer la conscience humaine, maintenant ainsi la personne dans de basses vibrations, dans la peur, l'insécurité, l'ignorance, le médiocrisme...et ce, depuis sa vie intra utérine.

Il est l'intermédiaire entre ce monde holographique et l'Être incarné , reliant ce dernier aux annales akashiques, aux égrégores, aux formes pensées correspondants à ses failles, ses blessures, ses mémoires, ses engrammes.

Il agit ainsi sur son cerveau reptilien qui alimente son mental et façonne son égo, son personnage qui n'a pas d'autre choix que de mettre en place un programme de survie.

Ainsi, l'humain n'a de cesse de se tourner vers l'extérieur pour se sécuriser où là, sera mis à sa disposition toute une panoplie de solutions, de clés plus alléchantes les unes que les autres et qui n'ont qu'un seul but, le détourner de son intériorité et l'empêcher de se reconnecter à sa multidimensionnalité et à son Essence Divine.

Pourtant, aujourd'hui, l'intensité de la Lumière provenant de la Source Centrale est telle qu'elle pénètre et rayonne au cœur de chaque Être humain , lui offrant l'opportunité de retrouver sa divinité, de se reconnecter à Qui Il Est, au-delà de l'illusion de la forme.

La Lumière invite alors chacun de nous à nous libérer graduellement de ces milliers d' années d'histoires mensongères en nous projetant dans notre intériorité.

La reliance à notre Êtreté est un réel apprentissage mais la voie d'accès est aisée car en réalité , nous n'avons jamais été séparés de notre Esprit, nous en avons juste été détournés.

Le processus suit deux étapes dont la première est d'intellectualiser la réalité de Qui Nous Sommes, et d'en prendre conscience. Cette étape est assez facile à partir du moment où on se libère de la pensée unique et qu'on retrouve son autonomie en terme de réflexion, d'analyse.

La deuxième étape passe par la voie du cœur qui est la porte pour se reconnecter à son Essence Divine.

Combien de fois ai-je entendu de la part d'Êtres qui se sont trouvés sur mon chemin d'évolution me dire « *va dans ton cœur, relie-toi à ton cœur, ouvre ton cœur...* ».

Pendant un certain temps, toute ma personne s'est appliquée à le faire régulièrement et pourtant il ne se passait pas grand-chose... Et pour cause, et ça je ne l'ai compris bien qu' après maintes essais, je le faisais mentalement sous la juridiction de mon subconscient. C'était encore une illusion...

Puis, un jour, lorsque je fus prête, j'eus un déclic et pris conscience que je ne devais pas juste penser à mon cœur mais le ressentir pour m'y relier. Pour ma part, je le fis en me syntonisant à mes battements cardiaques que je ressentais dans tout mon corps physique.

Une première porte s'ouvrit alors.

Mais je dus intégrer progressivement que le réel portail énergétique nous reliant à notre Êtreté ne situe pas au niveau de notre cœur organique mais au niveau de notre cœur énergétique, vibral qui se situe au centre de notre thorax.

Précisons juste que notre cœur organe a été séparé du cœur vibral par le péricarde depuis cette période d'enfermement dans la matrice astrale.

Le cœur vibral est un espace vibratoire dont le champ électromagnétique a la forme d'un double torus. Son centre, au milieu de notre poitrine est un trou noir qui est une interface de la Lumière Divine. C'est lui qui nous relie à notre Essence Originelle.

Le cœur vibral est représenté par une figure géométrique à vingt-quatre faces hexagonales appelé tétraki-hexaèdre.

Rappelons juste que la géométrie sacrée est à l'origine de toute création , que le Cosmos dans sa globalité est issu de structures géométriques créées par l'Antimatière sous formes de fractales.

Dans cette géométrie, l'hexagone est la représentation de l'Amour, du Divin. D'ailleurs les particules adamantines qui composent entre autres la Lumière issue de la Source ont cette même forme.

En traversant ce portail énergétique, nous accédons alors à une autre dimension, une autre réalité qui nous libère de la matrice astrale et nous fait pénétrer dans la matrice christique où se trouve notre vibration originelle.

Cette dernière est perçue d'une façon unique pour chacun de nous car chaque Esprit est singulier.

Une fois cette porte franchie et la réunification à notre Êtreté, ce voyage intérieur nous invite alors à explorer d'autres structures géodésiques qui sous-tendent notre corps physique notamment notre canal de Lumière qui est la contrepartie luminescente de notre colonne vertébrale.

Ce canal appelé aussi canal vibral, canal marial est une structure énergétique verticale qui nous permet en même temps, en tant qu'Être incarné, de nous relier, de nous ancrer au cœur cristallin de Gaïa et de nous connecter à la Source.

C'est dans cet espace vibratoire que le processus alchimique a lieu, la fusion entre la Lumière et la matière.

Cet alignement nous est donc indispensable pour rayonner sur terre en tant qu'Être Divin incarné dans la matière et en exprimer librement notre Êtreté.

En tant que personne, nous avons, dès lors, notre libre arbitre de sortir de cet asservissement et de nous relier à la matrice christique afin d'évoluer vers l'Être Divin que nous sommes ou de rester sous la juridiction de ces forces involutives qui nous maintiennent dans l'illusion de la forme, la dualité.

Évidemment, le cheminement pour s'extirper de cet enfermement passe par des prises de conscience et des états d'être qui peuvent bousculer le personnage qu'on représente ici-bas voire l'ébranler.

Il est cependant essentiel pour soi, pour son entourage, pour l'humanité tout entière et plus particulièrement pour tous les petits Êtres qui arrivent maintenant sur terre .

En effet, il est de notre responsabilité de leur offrir un monde unifié afin qu'ils vivent leur expérience terrestre en restant des Esprits Libres tels qu'ils l'étaient avant d'atterrir sur Gaïa.

PARENT : ÊTRE OU NE PAS ÊTRE

Quand je rencontre un couple pour la première fois dans leur processus d'accompagnement à la parentalité, je leur pose toujours une même question « *qu'est ce qui fait que vous désirez un enfant ? »*.

Dans un premier temps, le couple semble étonné et n'avance aucune réponse puis ensuite viennent de façon récurrente les mêmes phrases « *parce qu'on s'aime, parce qu'on veut concrétiser notre amour... pour fonder une famille...»*.

Dans l'absolu , ces arguments sont très nobles et effectivement l'énergie d'Amour est un ingrédient essentiel à une procréation en conscience.

Ainsi, l'Esprit qui s' incarne dans la matière pourra rester connecté à sa vraie nature d'autant si ses parents que j'appelle ses guides terrestres le conçoivent, l'accueillent et l'accompagnent les premières années de sa vie terrestre dans un écrin d'Amour inconditionnel.

Mais notre condition humaine actuelle nous permet-elle de contacter cette véritable énergie d'Amour ?

Formatés par la matrice dans laquelle nous évoluons depuis des milliers d'années, nous vivons en permanence dans une dualité où la dichotomie est omniprésente. Nos émotions et nos sentiments en sont une parfaite illustration.

Intéressons-nous donc au sentiment d'amour. Chacun de nous, dans sa vie, a aimé , aime et aimera, cela ne fait aucun doute. Pourtant, ce sentiment est fragile et éphémère. D'un moment à l'autre, en fonction de circonstances particulières, nous pouvons le dénaturer et ressentir à la place de l'indifférence voire de la haine.

Il est essentiel de comprendre que ce mécanisme dichotomique est sous l'influence de notre subconscient.

Dès sa conception dans la matière, l'Être humain est implanté pour sauver ses parents et donc conditionné pour être aimé en fonction de ce qu'il fera pour atteindre cet objectif . En retour, il aimera selon les mêmes modalités. Toutes ses relations ,à commencer par celle à ses parents , sont alors fondées sur ce programme psychique.

Le procédé se répètera lors de chacune de ses rencontres, avec des nuances, des degrés différents dans la nature du sentiment éprouvé.

Le choix d'aimer ou de ne pas aimer est dicté par son mental, téléguidé lui-même par son subconscient

Ainsi, de façon inconsciente, l'humain développe toujours un sentiment d'amour avec les personnes qui colmateront ses failles, ses blessures et ceci, dans un but de survivre.

Mais, du moment où ces personnes ne répondent plus à la demande de son subconscient, qu'elle qu'en soit la raison, la nature même du sentiment change. Nous en avons tous fait l'expérience un jour.

Nous pouvons nommer cet amour, l'amour sentimental (senti-mental), il est sous la gouvernance de la loi archontique appelée loi d'attraction-répulsion...qui n'est qu'une version tronquée de l'énergie d'Amour inconditionnel.

Parents, il sera peut être difficile de reconnaitre puis d'accepter que nous aimons nos enfants selon cette même loi archontique. Pour la plupart d'entre nous, l'amour inconditionnel que nous leur portons n'est qu'une illusion, qu'un leurre qui n'est là que pour satisfaire notre partie égotique.

L'implant, inséré dans notre psyché dès notre réalisation dans la matière, d'être le sauveur de nos parents, nous amène à croire de façon inconsciente que nos enfants sont là aussi pour nous sauver.

Prenons juste les choix que nous sommes amenés à faire pour eux dans la volonté de les accompagner au plus juste sur leur chemin de vie. Qui peut affirmer, à chaque décision prise, de l'avoir fait en toute neutralité, sans interférence avec sa propre histoire ?

Certes, nous y mettons toute l'intention mais cela ne reste qu'un processus d'intellectualisation - donc mental - et n'empêche nullement les failles, les blessures de notre enfant intérieur d'interagir dans nos choix, même de nous les imposer.

Nous n'en n'avons pas le contrôle tant que nous ignorons cette programmation.

Ainsi, se met en place un cercle vicieux qui se perpétue de génération en génération. Enfant, l'être humain répond aux attentes du parent, se positionnant comme son sauveur. Il en oublie alors Qui Il Est et ce qu'il est venu expérimenter sur terre.

Devenu lui-même parent, chargé de frustrations et autres, il attend de même que sa progéniture colmate ses brèches. Sans en avoir conscience, Il voit son enfant comme une projection de lui-même, l'empêchant alors de se réaliser.

C'est ainsi que l'être humain lui-même se déconnecte de son Êtreté et devient créateur de sa propre souffrance.

Ce programme est l'essence même du jeu de pouvoir qui s'insère au sein de chaque cellule familiale dans laquelle chacun est à son tour dominé - dominant , avec tout ce que ça implique. Relevons juste que c'est le lit sur lequel repose le processus de la perversité.

A travers ce mode de fonctionnement devenu inné , nous nous rendons bien compte que le positionnement de chaque protagoniste n'est pas juste.

Dans ce modèle, c'est l'enfant qui se met au service du parent alors que dans l'absolu, ce sont les parents qui ont la mission de se mettre au service du petit Être qui s'incarne afin de l'accompagner dans l'expérience de la densité tout en lui permettant de rester connecté à son Essence Divine.

Je rappelle que « *se mettre au service de…* » a la même étymologie grecque que « *prendre soin de»* .

Alors comment sortir de cette tromperie, de ce mécanisme dont les rouages sont si bien rôdés ? Comment investir réellement sa posture parentale ?

Même si chacun de nous, en tant qu'Esprit a un plan de vie terrestre singulier, le but de notre incarnation terrestre est le même pour tous, celui de réaliser le grand œuvre alchimique.

En effet, en tant qu'émanation de la Source, nous sommes venus libérer la matière de tout ce qui a été inséré, inversé, tronqué depuis trois cent vingt mille années.

La non-posture parentale est liée au fait que le parent , depuis l'enfermement dans la matrice inversée, a été dupé, entre autres, à travers la nature de l'amour qu'il porte à son enfant.

Nous avons vu plus haut que l'amour senti-mental n'est qu'une version falsifiée de l'Amour inconditionnel qui lui est sous l'égérie de la loi d'Amour, la loi d'action de Grâce.

Cet Amour-là ne se définit pas en terme de sentiment , il est pure énergie. Il est le Feu Créateur, représentant du Divin, de l'Absolu, de l'Éternité... Il est celui qui nous sort de la dualité, du pouvoir.

Il nous permet de nous relier à l'autre dans une totale neutralité, le laissant libre de mener à bien son expérience terrestre tel que son Esprit l'a planifiée, sans interférer avec son plan de vie, respectant ainsi sa liberté d'Être (cf. chapitre « *La déprogrammation 1 : la cellule familiale* »).

Ainsi, il contribue à le reconnaitre dans son aspect divin, au-delà de la forme, dans l'Unité.

Nous le portons tous en nous et y avons accès du moment que nous sortons de notre personnage et nous connectons à notre Êtreté, en nous réalignant depuis notre cœur vibral à notre canal de Lumière dans lequel circule cette énergie d'Amour.

Par le pouvoir qui nous est conféré de transmuter en Lumière tout qui a été dénaturé, nous pouvons alors transformer la vibration d'amour archontique en Amour Divin.

Mais ce processus requière une condition, que notre cœur soit ouvert.

L'énergie de l'amour senti-mental est produite par notre cœur organique qui a été programmé pour fonctionner de concert avec notre mental dans le but de nourrir notre Âme humaine, notre personnage.

Son enveloppe, le péricarde, fonctionnant de concert avec la couche isolante de l'atmosphère terrestre, l'a séparé de son aspect divin, l'empêchant de fusionner avec le cœur vibral.

Aujourd'hui, chacun d'entre nous, à son rythme se libère de cet implant grâce à la Lumière qui nous adombre.

La déprogrammation totale du péricarde amène à ce qu'on appelle l'ouverture du cœur.

C'est alors que l'alchimie peut se réaliser. L'énergie d'Amour Divin contenue dans notre canal vibral peut se déverser dans notre cœur organe et transmuter l'énergie archontique qu'on considérait en toute ignorance amour.

La fusion entre les deux cœurs, organique et vibral fait partie intégrante du grand œuvre alchimique.

Ainsi, en ces temps apocalyptiques, deux voies s'offrent à nous en tant que parent.

Nous pouvons continuer, en tant que personnage ici-bas, à faire des enfants pour assurer notre survie, au dépend de leur liberté d'Être et tout ce qu'il s'en suit…et perpétuer la souffrance, la dualité sur terre.

Nous pouvons aussi choisir, en tant qu'Être Divin, de participer au Grand Tout en accompagnant sur terre des Esprits Libres dans la matière avec la plus haute vibration qu'il nous est donné de ressentir : l'Amour inconditionnel et de faire rayonner cette énergie sur Gaïa retrouvant ainsi un monde unifié.

LA PRO-CRÉATION

En tant que manifestation de la Source, chacun de nous porte en lui tous les attributs originels pour créer.

En effet, chaque fractale de Lumière que nous sommes a été pourvue, lors de la Création, de structures géométriques singulières, conçues pour donner Vie à de nouvelles formes. Ces structures sont issues de l 'Antimatière contenue dans le Grand Tout.

Chaque nouvelle Vie est alors dotée de l'énergie originelle qu'on appelle Lumière, le Divin, l'Amour... Cette énergie est la fusion et l'équilibre de deux principes, le Féminin et le Masculin Sacrés qu'on nomme Androgynie Primordiale.

Quelle que soit donc la forme que prend la Vie, dans quelque dimension, quelque monde que ce soit, ces deux forces sont omniprésentes, omnipotentes, omniluminescentes.

Cette Androgynie qui représente l'Unité, la Sagesse, est ainsi garante de toute Création Divine.

Selon l'échelle du temps, Gaïa a été créée au sein de cet univers il y a un peu plus de quatre milliard d'années, à partir d'une particule de Sirius, héritant donc de tous les codes divins issus de la Source.

Il faudra attendre un milliard d'années plus tard pour voir apparaitre les premières formes de vie terrestre, sous forme de molécules organiques composées d'atomes provenant de la planète elle-même.

Au cours de processus autocatalytiques, ces molécules se sont organisées, initialement , en un acide, l'acide désoxyribonucléique, plus connu sous le nom d'ADN.

Cette première manifestation dans la matière, sous forme d'une spirale à douze brins, portait en elle toutes les caractéristiques du Divin, transmises par la planète Terre qui les avait reçu elle-même de Sirius.

Ainsi, l'ADN devint la première contrepartie organique de la Lumière sur terre contenant toutes les informations relatives à la Création et représentant ici-bas l'Androgynie Primordiale.

Au fil du temps, ces premières formes de Vie se sont entourées de membranes et ont constitué les premières cellules, les bactéries.

Ainsi, a débuté le cycle de la Vie sur terre, respectant à chaque étape, la loi de la Création qui est que chaque forme de Vie déleste une part de sa nature originelle dans ce qu'elle engendre.

A ce jour, cette loi est toujours respectée et l'ADN reste le dénominateur commun de toute vie sur terre. En ça, il est le langage universel qui permet à tous les Êtres vivants sur Gaïa de communiquer entre eux.

Nous retrouvons ce processus chez l'humain que nous sommes, malgré les spécificités du monde vertébré de s'accoupler pour procréer.

A chaque incarnation d'un petit Être, son enveloppe physique reçoit de ses deux guides terrestres, ses parents, une part de chacun d'eux, à travers leur propre patrimoine génétique.

La reproduction humaine comme celle de tous les vertébrés a la spécificité d'être inséparable de la sexualité. Cela reste une exception dans le règne du vivant. En effet, la plupart des êtres vivants n'ont pas besoin de sexualité pour se reproduire, une simple copie de leur propre ADN suffit à se dupliquer.

Au sens premier du terme, la sexualité se définit comme une recombinaison de gènes provenant d'au moins deux sources différentes.

Chez l'humain, la reproduction se fait au moyen de gamètes mâles et femelles à partir d'une copulation.

La fusion et la recombinaison des gènes paternels et maternels donc de leur ADN respectif donnent naissance à un nouveau génotype, à l'origine d'une nouvelle entité humaine.

Selon ce processus, les informations portées par l'ADN parental sont transmises intégralement à l'enfant.

Mais aujourd'hui, qu'en est-il des informations portées par notre ADN humain ?

Selon le scientisme, il est défini que l'ADN de toute cellule humaine est une molécule formées de deux brins entourés l'un autour de l'autre pour former une double hélice.

Que sont devenus les douze brins constituant sa nature originelle, dépositaire de l'Androgynie Primordiale ?

Rappelons que l'enfermement dans la matrice astrale a eu pour but de nous couper de notre Essence Originelle, de tous nos attributs divins, afin de nous asservir.

C'est dans cet objectif là que les maitres généticiens archontiques ont œuvré et modifié notre corps dans la matière jusqu'à implanter nos cellules, au niveau membranaire pour empêcher la Lumière d'y pénétrer.

La première programmation, transmutation a été de falsifier notre génome en amputant notre ADN originel, ne nous donnant accès qu'à une infime partie des informations codées pour pouvoir juste survivre dans la matrice.

Ces informations-là ont servi de base aux annales akashiques, à la bibliothèque archontique.

Notre histoire, depuis notre origine stellaire, fut alors effacée, nous rendant amnésique de Qui Nous Étions sur un plan multidimensionnel.

C'est alors que le corps de Lumière à base de silice que nous revêtions en tant qu'Esprit Libre pour nous incarner sur terre jusque-là fut délesté au profit d'un corps chimie à structure carbonée.

En mutilant notre ADN, la génétique archontique a déséquilibré les deux polarités que représentait l'Androgynie Primordiale, nous séparant de l'essence du Féminin Sacré donc de l'Unité, de la Sagesse...pour nous emmener dans un monde de dualité, de pouvoir.

De ce fait, la Lumière fut dénaturée, détournée de la Source Originelle.

Les deux principes énergétiques masculin et féminin présents dans chacune de nos cellules, de nos organes, nos structures énergétiques n'ont été alors que falsification, distorsion, ayant pour seul but de nous maintenir dans l'illusion de la séparation.

Cette programmation est le plus grand mensonge cosmique, elle est connue sous le nom d' Anomalie Primaire.

Depuis 2018, cet implant primordial est dissout mais chacun de nous porte encore en lui les vestiges du déséquilibre de ces deux polarités, masculine et féminine, dans ses milliards de cellules, y compris celles à visée reproductive.

C'est ainsi que depuis des centaines de milliers d'années, la conception telle que nous la connaissons et vivons n'est qu'un programme au service des forces involutives, garante du voile de l'oubli et perpétuant la séparation et le déséquilibre des deux polarités au sein de l'humanité.

A noter que cette scission d'avec l'Androgynie Primordiale induite lors de chaque conception réactive chez l'humain la blessure engendrée par sa première incarnation au sein de la matrice astrale. Cette blessure originelle sert de socle à son corps de souffrance (cf. Le chapitre « *Délester son corps de souffrance* »).

En transmettant ces énergies dénaturées à leurs enfants, les géniteurs, de génération en génération, sont devenus malgré eux les acteurs principaux de cette macabre orchestration.

Effectivement, la contrefaçon des archétypes du Masculin et du Féminin Sacrés, incarnés respectivement par le père et la mère est une source intarissable pour la matrice qui se nourrit de pouvoir, de peur, de violence, de dualité, de non-Amour, de non-Abondance, de non-Vie...

Il est difficile de reconnaitre que nous nous sommes tous construits sur une image tronquée de ces deux principes énergétiques et encore moins d'accepter, pour certains, de les avoir transmis à leurs enfants mais cette étape est nécessaire pour enclencher le processus alchimique qui permet de rétablir la Vérité et d'honorer, de célébrer la Pro-Création sur terre en toute divinité.

Au niveau quantique, la Pro-Création commence avec la feuille de route de l' Esprit.

Chacun de nous s'incarne dans le but de faire rayonner l'énergie de la Source dans ce monde désunifié, d'apporter la Lumière sur terre, notre corps physique en étant le véhicule.

L'élaboration de notre plan de vie a pour objectif de nous proposer des expériences terrestres qui sont à même de mettre en évidence les failles, les blessures de notre personnage pour les transmuter en Amour, en Lumière et ainsi libérer notre Âme humaine engluée depuis des éons dans ce marasme.

C'est pourquoi chaque vie vécue sur Gaïa est singulière et qu'avant de s'incarner l' Esprit réunit toutes les conditions pour mener à bien cette mission, notamment en choisissant sa famille terrestre qui représentera son premier terrain d'expérimentation alchimique.

S'élabore alors une reliance divine entre trois Esprits, celui du futur incarné et ceux de ses guides terrestres, ses géniteurs.

Ce mariage cosmique, cette fusion, cette Ré-Union est à l'origine de toute Manifestation dans la matière. Sans ce pacte Sacré, la magie de la Vie, de la Création ne peut œuvrer.

Cette alliance est scellée dans la forme par le rapport sexuel fécondant qui , sur un plan divin, représente une cérémonie invitant l'Esprit à se manifester dans la matière à travers le phénomène de conception, la fusion des deux gamètes, l'ovule et le spermatozoïde représentant respectivement le Féminin et le Masculin Sacrés.

Malheureusement, cet acte , dans la matrice astrale, a été perverti jusqu'à en devenir un vice, le détournant de son essence première.

La séparation des deux principes sacrés Masculin et Féminin, à l'origine du clivage destructeur entre les hommes et les femmes a initié un jeu pervers entre les deux sexes dont les cartes maitresses ont été le pouvoir et la séduction.

Ceci avait pour but de transgresser la nature divine de l'union sexuelle chez l'humain et de générer ainsi des pratiques compulsives plus ou moins contrôlées au service des forces archontiques.

Il est donc primordial aujourd'hui de se responsabiliser et de comprendre tout ce qu'il se joue avant et pendant la conception d'un enfant , fondement du processus d'incarnation d' un Esprit dans la matière.

Chaque Esprit ne peut se manifester librement et pleinement dans un corps de chair, depuis sa cellule œuf qu'à la condition que ses géniteurs se connectent à leur corps de Lumière et donc à leur ADN originel afin de retrouver tout leur potentiel créateur et qu'ils célèbrent leur union sexuelle fécondante comme il se doit.

Que la Pro-Création sur Gaïa redevienne ce qu'elle était initialement, une Union Sacrée dans laquelle se déploie toute la puissance du Divin.

Aussi, dans l'état de conscience actuelle , il est obsolète aujourd'hui de concevoir un enfant en tant que simples humains téléguidés par la matrice qui nous laisse, entre autre, supposer que nous avons le pouvoir de contrôler les venues sur terre de quelle que manière que ce soit ou de les subir.

Le temps de la Ré-Unification du Masculin et du Féminin Sacrés est venu...Les petits Êtres qui s'incarnent présentement nous y invitent grandement.

LA MATRICE UTÉRINE

Croire que nous avons été coupé du principe Divin n'est en fait qu'une illusion, qu'un leurre.

Sur un plan multidimensionnel, l'énergie de Vie est omniprésente. Aussi, elle nous accompagne dès notre entrée dans le corps chimie.

Le processus d'embryogénèse en témoigne. La majestueuse architecture cellulaire qui s'organise, s'édifie à partir d'une seule cellule pour devenir un être humain en miniature en moins de trois mois en passant par les stades embryonnaires des classes dont nous sommes issus, à commencer par les poissons, les amphibiens, les reptiles...Mais quelle splendeur ! Et toute cette orchestration en parfaite autonomie. Qui ne peut s'émerveiller devant un tel spectacle!

En ça, l'utérus maternel peut être reconnu comme le premier lieu sacré sur terre où se produit la Magie de la Vie, la rencontre de la Lumière et de la matière.

La matrice utérine représente l'entre deux mondes, un pont énergétique entre le monde d'en haut et le monde d'en bas. Elle est le premier terrain d'expérimentation de notre Esprit au contact de la densité de notre corps humain, à commencer par la cellule œuf, fusion des deux gamètes parentaux. Elle est la première contrepartie organique de la Mère Divine.

L'état vibratoire de cette matrice est alors déterminante pour le petit Être qui s'incarne. En effet, ses conditions d'accueil au sein de cette matrice ont une conséquence sur son plein rayonnement dans la matière, sa liberté d'exprimer Qui Il Est ici-bas, au-delà de sa forme humaine.

Une fois l'étape de la Pro-Création vécue en pleine conscience par ses géniteurs, lui permettant d'arrimer sa vibration originelle dans la matière, la séquence de neuf mois passés dans le cocon utérin lui est nécessaire pour y ancrer son corps de Lumière.

Et c'est en baignant dans une énergie d'Amour indicible que l' Être Divin va pouvoir investir son corps embryonnaire puis fœtal.

Le principal contenant de cette matrice est le liquide amniotique. Celui-ci est donc un élément essentiel dans ce processus alchimique, il peut être considéré comme un réservoir de la Source Divine, dont le rôle est de substanter le corps d'Êtreté du petit humain qui s'incarne. Il en est sa nourriture sacrée comme le lait maternel le sera à son arrivée sur terre (cf. chapitre «*La nourriture sacrée*»).

Biochimiquement, le liquide amniotique est composé essentiellement d'eau. Il apparait dans le premier mois après la conception, dès lors que se forme la cavité amniotique.

Le fœtus le déglutit en continu, il en digère une partie qui est absorbée par ses intestins et rejoint l'organisme maternel par le placenta via ses deux artères ombilicales.

L'autre partie est filtrée au niveau de ses reins et retourne dans la cavité amniotique sous forme d'urines.

Le liquide amniotique se renouvelle environ toutes les trois heures à travers les deux membranes placentaires, l'amnios et le chorion, qui sont accolées à l'utérus et entourent le bébé.

Mais, au-delà de sa physiologie dans la matière, il est intéressant d'explorer ce que ce liquide donc cette eau représente d'un point de vue quantique.

L'Eau, la Terre, l'Air, le Feu et l'Éther, sous leur aspect énergétique, sont les cinq éléments qui constituent, avec les particules adamantines et les rayons cosmiques, l'Énergie Originelle issue de la Source Centrale.

On les retrouve aussi sous l'appellation des cinq Feux Créateurs. L'Eau qui en est le liant permet qu'ils fusionnent entre eux pour n'en représenter qu'un, le Feu de l'Éther Primordial.

L'Eau est la représentation du Féminin Sacrée, la Source Nourricière sans qui le Feu Créateur ne peut exister. Une fois de plus, nous pouvons mesurer l'importance de cette vibration dans le phénomène de création.

Lors de l'enfermement, rappelons qu'à travers le processus de l'Anomalie Primaire, nous avons été séparés de ce principe sacré. Les cinq Feux ont alors été divisés et chacun d'eux, dans sa forme énergétique, a été falsifié.

Cette notion de séparation, plus particulièrement la séparation des Eaux d'en haut et des eaux d'en bas, a d'ailleurs été évoquée sous forme de paraboles dans certains textes bibliques.

La séparation des cinq Feux a eu pour conséquence de délester notre corps de Lumière, qui vibrait au diapason de l'Éther Primordial, au profit d'autres corps. Chacun d'eux s'est syntonisé avec l'un des cinq éléments ayant chacun son propre niveau vibratoire.

Ainsi, du plus dense au plus subtil, notre corps physique, a été mis en reliance avec l'élément Terre, notre corps éthérique avec l'Air, notre corps émotionnel (astral) avec l' Eau, notre corps mental avec le Feu et notre corps causal, avec l'Éther.

Mais rappelons que depuis 2018, cette programmation archontique est dissoute, nous avons été libérés de cet implant primordial. Depuis, nous vivons continuellement des retrouvailles avec notre Féminin Sacré.

Cette première étape de libération a permis aux Eaux d'en Haut de fusionner avec les eaux d'en bas, les nettoyant, les purifiant en Eau Lustrale.

Cette réunification concerne autant l'eau contenue dans nos cellules, dans notre corps chimie que l'eau des rivières, des fleuves, des mers, des océans...

C'est ainsi que présentement les petits Êtres qui s'incarnent baignent in utéro dans une eau pure qui nourrit leur corps de Lumière et permet à celui-ci d'exister pleinement dans la matière, à travers leur corps embryonnaire puis fœtal.

Mais ce processus alchimique doit être initié et supporté par la future mère, les futurs parents et par les professionnels de la naissance.

En effet, leur état de conscience et la connexion à leur Êtreté sont les conditions indispensables à cette manifestation divine dans la matrice utérine maternelle.

A contrario, si ceux-ci restent sous l'influence des forces de la matrice astrale et soutiennent encore la pensée ordinaire, l'eau dans laquelle sera immergé le fœtus restera boueuse et n'aura pas les attributs nécessaires pour sustenter son Esprit dans la densité du corps physique. Il délestera alors son corps de Lumière au profit d'un corps de souffrance dans lequel des parts d'ombre vont s'immiscer petit à petit de façon insidieuse.

Effectivement, si l'eau du liquide amniotique n'est pas transmutée en Eau Lustrale, celle-ci reste intrinsèquement reliée au corps astral de la future mère qui est en fait son corps émotionnel .

(Pour rappel, dans la matrice astrale, l'élément Eau est l'élément en reliance avec le corps émotionnel de la personne).

De ce fait, in utéro, le bébé est en permanence au contact des émotions maternelles, notamment la peur, jusqu'à les absorber par voie de déglutition.

Dès lors, toutes les cellules de son corps vont potentiellement s'oxyder.

Cette réaction biochimique est à l'origine du symptôme physique le plus fréquent manifesté par le nouveau-né, le reflux gastro-œsophagien...(cf. chapitre « *Le langage du corps* »).

Quand on dit qu'un bébé est une éponge, c'est à prendre et comprendre au premier degré.

Ces émotions vont alimenter entre autre le vivier de son propre corps émotionnel qui sera le socle de son corps de souffrance.

Puis, le fœtus commence à faire vivre ce corps à partir de ce qu'il perçoit au travers ses cinq sens et de l'interprétation qu'il en fera.

Bien évidemment, ces derniers, atrophiés et falsifiés ne lui donnent accès qu'au prisme de la matrice astrale, où tout est illusion, à commencer par sa séparation d'avec son Esprit.

S'inscrit alors sa blessure originelle en tant qu'humain suivie rapidement d'autres qu'il enregistrera au niveau de son cerveau reptilien.

Ces premières mémoires lui serviront de support pour construire son personnage, son Égo l'éloignant d'autant plus de son Êtreté.

Cette eau crasseuse a aussi pour but de maintenir la matrice utérine dans des vibrations de basses fréquences rattachant ainsi le fœtus à l'inconscient collectif et ses modes de fonctionnement pervers.

Ce scénario-là est celui qu' a vécu chaque Être qui s'est incarné depuis l'enfermement dans la matrice astrale...Malheureusement, à ce jour, il continue d'être joué au regard la conscience collective et de ses codes grégaires.

Pendant quelques années, j'ai cru, en tant qu'accompagnante en périnatalité, qu'il suffisait de communiquer avec bébé, certes de cœur à cœur, pour lui permettre de déprogrammer ses premiers implants, le libérer de ses failles, de ses blessures de quelque nature qu'elles soient.
En fait, ce n'était qu'un leurre...
Ces mémoires restaient engrammées au niveau de son cerveau reptilien et de son sang, à l'état latent, au service de son subconscient qui s'en servirait au moment opportun pour altérer sa conscience et conditionner ses comportements.
Ce n'est que quand moi-même je réalisai comment l'humanité s'était faite dupée et que je pus alors me révéler à moi-même, que je pris conscience de toutes mes illusions, notamment relatives à ma posture de thérapeute...
Tant que j'œuvrais moi-même au service de la matrice astrale, je n'étais pas en mesure d'accompagner les futurs parents, la future mère dans la juste réalité de la Vie et encore

moins d'offrir aux petits Êtres qui venaient à moi les conditions de baigner in utéro dans une Eau Lustrale donc de rester connectés à leur corps de Lumière, à leur vie systémique, au-delà de la forme.

Aussi, mes prises de conscience m'invitent en toute humilité à transmettre à tout un chacun, qu'il en va de notre responsabilité de nous libérer du rôle du personnage que nous avons endossé ici-bas pour créer les conditions optimales d'incarnation sur terre à nos frères et sœurs de Lumière. Nous serons alors à même de soutenir ce processus d'alchimie entre le Divin et la matière dès l'arrivée dans la matrice utérine qui, je le rappelle, n'est autre que la première représentation de la Mère Divine au sein de ce monde et qu'elle en contient tous les codes.

Nous ne pouvons pas clore ce chapitre sans aborder d'une façon plus générale le rôle de cette matrice au-delà d'être ce portail qui permet à la Vie de se matérialiser dans un corps de chair.
Que nous soyons homme ou femme, nous avons tous cet espace éthéré en notre socle pelvien. Il est le lieu qui donne Vie à chaque projet, qui lui permet de prendre forme.
Effectivement, à l'identique de celui de donner la Vie à un nouvel être humain, tous nos projets suivent le même chemin.
Initié par la vibration de notre Esprit et soutenu par le principe du Féminin Sacré, chacun d'eux émane de notre cœur vibral pour aller à la rencontre de notre Supramental (mental relié à la Conscience Divine) qui va organiser les conditions optimales pour concevoir ledit projet. Ici intervient alors le principe du Masculin Sacré.

Une fois la fusion, la réunification des deux principes sacrés, à l'état d'Androgynie Primordiale, au niveau de la matrice utérine éthérée, le projet peut alors se concrétiser.

Suivre la voie de ce processus honore et respecte la loi Sacrée de la Création dont nous sommes tous porteurs, en tant que Lumière.

A l'origine même de la Vie, au Point Zéro, régit une seule énergie, l'Amour, représentée par la Mère Divine, le Féminin Sacré.

La puissance de son rayonnement lui permet d'engendrer le Masculin Sacré, le Père Créateur. Le principe de Création repose sur leur fusion , l'Androgynie primordiale *(cf. chapitre « La Pro-Création)*. La Source Originelle, Alcyone en est la première Création. Toute autre est créée à l'identique.

Prendre conscience qu'en tant que fractale de cette Source, nous portons les clés de ce processus divin, est essentiel pour ne plus attirer à soi des situations incohérentes avec notre plan de Vie.

Malheureusement, beaucoup d'entre nous se laissent encore contrôler par leur personnage qui s'en remet directement à leur mental reptilien (mental relié à la conscience collective) pour être le maitre d'œuvre de ses projets de vie (plutôt de survie), courcircuitant alors la voie du cœur...

Se créent alors des déviances dans leur choix de vie, source de souffrance, les éloignant de leur scénario originel d'incarnation.

LE PAS-SAGE

Sur un plan quantique, tout élément soumis à une variation du champ vibratoire environnemental modifie sa structure énergétique initiale. Cette loi s'applique au sein de l'Univers quelle qu'en soit la dimension y compris dans notre monde astralisé où ce changement engendre une désorganisation de la matière jusqu'à modifier la forme de l'hologramme projeté par les ondes émises.

Un hologramme est une perception de la réalité ajustée à la fréquence de l'environnement.

En cela, le physicien Albert Einstein avait déjà établi en son temps que la matière n'était autre qu'un agglomérat d'énergies densifiées, réduit dans une forme correspondant au niveau de la vibration émise.

Prenons l'exemple de la molécule d'eau et de son changement d'état physique sous l'effet de la température à laquelle elle est soumise. Nous pouvons effectivement percevoir cette molécule en fonction des conditions thermiques sous forme de vapeur, de liquide ou de solide et pourtant sa structure chimique initiale reste la même.

Aussi, plus généralement, chaque changement d'état peut être défini comme le passage d'un hologramme à un autre, d'une réalité à une autre sans pour autant qu'il y ait altération de l'Essence Originelle, permettant alors la réversibilité à l'état primaire.

Si nous considérons d'un point de vue multidimensionnel que l'état primaire est la Source originelle, sa représentation, au sein même de l'Univers, peut se décliner sous de multiples aspects dépendants des dimensions dans laquelle elle se manifeste.

C'est ainsi que chaque Esprit existe sous différents hologrammes en fonction du monde où il évolue. En cela, notre Essence Divine est continuellement dans un processus de transformation, qui est activé à chaque fois qu'elle franchit un portail énergétique qui initie le changement d'état. Cette porte est en fait un vortex dans lequel toutes les particules atomiques, subatomiques de l'hologramme qui le traverse sont attirées puis agitées de telle sorte qu'en sortant de ce champ, elles se réorganisent en fonction de l'état vibratoire du nouvel espace avec lequel elles entrent en interaction.

Notons qu'à l'instant où les particules se désagrègent, elles repassent par leur état initial avant de se réorganiser. Cet état de fait est constant et s'observe lors de chaque changement de fréquence.

C'est par cette mécanique quantique que notre Être Divin peut se manifester dans une nouvelle réalité sans pour autant délester sa nature originelle.

Selon cette théorie supramentale, nous sommes à même d'accepter le caractère éternel de Qui Nous Sommes, chaque hologramme n'en étant que la manifestation dans une dimension donnée.

En cela, nous pouvons considérer que les étapes de la naissance et de la mort observées au sein de la matrice astrale ne sont que des Pas-Sages (passages) d'un état à un autre, le corps chimie n'étant qu'un hologramme particulier de notre Êtreté ajusté au champ vibratoire de Gaïa. En fait, pour être plus juste, de notre conception à notre mort physique, celui-ci se décline même en plusieurs versions.

En effet, l'incarnation dans la densité est un processus qui va se dérouler en plusieurs temps, à commencer par la genèse de la cellule œuf dès lors que notre vibration originelle, à l'état éthéré, traverse le premier vortex qui initie son entrée dans la matière tridimensionnelle. Ce portail se situe au niveau des trompes utérines et plus exactement au niveau de l'ampoule tubaire où a lieu la fusion des deux gamètes parentaux.

Cette porte invite au premier contact avec la densité, donnant accès à la matrice utérine dont la vibration, proche de celle de la Mère Divine, va accompagner, soutenir le déploiement du développement physique pour conduire à l' état de fœtus qui n'est qu' un état transitoire préparant l'atterrissage sur Gaïa. Ce ne sera seulement qu'à ce moment-là que le corps physique s'harmonisera à la vibration terrestre et passera à l'état de nouveau-né.

D'ailleurs , ce changement d'état est même reconnu par les forces archontiques mais d'un aspect plus rudimentaire...

Les différences existent à plusieurs niveaux. Sans être exhaustive, nous pouvons citer quelques exemples.

Sur un plan juridique, les statuts diffèrent selon qu'on soit fœtus ou nouveau-né, ne jouissant pas des mêmes droits.

D'ailleurs, nous serions légitimes de nous interroger sur le fondement de cette différence. En quoi, la Vie in utéro n'aurait pas la même valeur ?

Prenons un temps pour observer comment est accompagné le petit Être in utéro par les professionnels de la naissance.

Nul ne peut nier que tout est mis en place pour surveiller son développement physique durant ces neuf mois, il est scruté « sous toutes les coutures » et au moindre écart, l'artillerie plus ou moins lourde est activée pour ne prendre aucun risque pouvant contrecarrer sa vie sur terre (ou plutôt sa survie...). Quelle conscience !

Mais prend-on en considération ses états d'être, sa sensibilité, son vécu et les projections qu'il en fait déjà dans sa psyché ? Qu'en fait-on, le cas échéant , à part attendre la naissance pour lui proposer un éventuel accompagnement?

Et la préparation à son atterrissage, que dire ?... Certes, de plus en plus d'outils et de techniques sont proposés aux futurs parents leur donnant l'illusion qu'ils seront invincibles lors de l'enfantement. Ils sont entrainés, la plupart du temps mentalement, tels des sportifs coachés pour une épreuve à surpasser. Mais quelle place les sages-femmes font-elles au fœtus, qui lui, va vivre un Pas-Sage essentiel dans son incarnation, le propulsant sur terre ?

Pourtant aujourd'hui, l'état émotionnel fœtal est clairement reconnu mais ne commencera à intéresser les acteurs de la périnatalité qu'à partir de l'état de nouveau-né.

Pourquoi tant de désintérêt ?

Nous n'irons pas plus loin dans l'analyse car ce n'est pas le propos de ce chapitre.

Néanmoins, relevons le seul point commun d'avec le prisme de notre réalité. Il existe bien un changement d'état entre le petit Être qui baigne in utéro et celui qui pointe son nez sur terre.

Dès lors que son temps est révolu, le fœtus laisse sa place au nouveau-né qui incarnera la Lumière sur Gaïa au travers de son avatar physique. La transformation n'est peut-être pas visible à l'œil nu mais elle existe belle et bien sur un plan vibratoire engendrant des modifications physiologiques, notamment dans certaines fonctions vitales.

Comme tout changement d'état, celui-ci est sous tendu par un portail énergétique qui se situe dans le bassin maternel, un espace dans lequel l'Être va recontacter le Tout et le Rien, le point Zéro avant de pénétrer dans l'atmosphère terrestre.

La filière génitale est un tunnel qui conduit à un autre monde, à une autre réalité. Elle permet le Pas-Sage d'un état à un autre.

L'Esprit qui s'incarne quitte le milieu aquatique dans lequel il a baigné pendant neuf mois pour rentrer dans le milieu aérien qui lui offre les conditions optimales pour rayonner dans la matière.

Le fœtus est telle une chenille qui, le temps de l'enfantement, et plus particulièrement celui de la descente dans le bassin maternel, va muer en état de chrysalide pour être expulsé hors des voies génitales en nouveau-né papillon .

Cette étape clé énergétique doit être comprise et intégrée dans le processus de la naissance pour différentes raisons.

Il est essentiel voire primordial que chaque Être qui la vit, la traverse soit soutenu par les forces luminiques.

Aujourd'hui, trop de fœtus la subissent encore. Combien sont-ils informés en amont de ce qui se joue pour eux dans ce processus d'atterrissage ?

Et pourtant, nombreux sont les signes qu'ils envoient à ce moment-là : refus d'engagement, stagnation dans la descente, bradycardie...

Certes, les professionnels, forts de leurs compétences techniques, réagissent en accélérant le processus de sortie sans pour autant comprendre la réelle origine de ces manifestations laissant le nouveau-né se dépêtrer seul avec ce vécu. Celui-ci inscrira sans tarder dans sa psyché qu'il vient d'atterrir dans un monde sans empathie, sans compassion, un monde dans lequel il n'est pas invité à exprimer ses états d'être, encore moins à attendre qu'on réponde à ses besoins.

Corroboré aux dires du précédent chapitre, nous pouvons affirmer qu'un enfant à naitre qui subit le processus de l'enfantement est un Être qui n'existe déjà qu' à travers son corps de souffrance. Sa propulsion, hors de la matrice utérine, dans le bassin maternel est alors vécue comme un déchirement alimentant sa blessure originelle de séparation, d'autant que l'espace qu'il traverse lui est totalement inconnu.

Aussi, la plupart d'entre eux est terrifiée par ce Pas-Sage. Par réaction, ils activent par le biais de leur cerveau reptilien un programme de survie qui les téléguidera de façon inconsciente toute leur vie durant.

En effet, devant chaque situation de changement, de quelque nature qu'il soit, qui se présentera sur sa route terrestre, l'Être incarné concerné, activera ce dit programme bien engrammé dans sa psyché, le paralysant ou au mieux le mettant dans un état de dichotomie qui le conduira le plus souvent à privilégier la voie de la raison à celle du cœur.

C'est ainsi que chaque choix, effectué par défaut pour satisfaire et surtout rassurer son égo l' éloignera davantage de son Essence Divine, de Qui Il Est, au-delà de la forme jusqu'à en nier son existence.

C'est suivant ce même schéma qu'en tant qu' humain déconnecté de notre divinité nous abordons le changement d'état ultime qu'il nous est proposé d'expérimenter sur terre, la mort de notre avatar physique.

C'est pourquoi il est illusoire de vouloir dépasser la peur de la mort tant que nous ne sommes pas réconciliés avec le Pas-Sage qui nous conduit à l'expérimentation terrestre.

La revisite de cette étape est nécessaire pour délester les peurs consécutives au changement d'état tel qu'il soit, d'autant celui qui nous reconduit à l'état éthéré.

Depuis la disparition du vaisseau archontique donc de la fin du cycle karmique, la mort physique à l'image de la naissance, sur un plan quantique, n'est qu'annonciatrice du passage d'une dimension à une autre, d'un hologramme à un autre.

Par un processus énergétique similaire à celui de son arrivée sur terre, l'Être, délestant son enveloppe de chair, traverse un portail énergétique appelé communément Tunnel qui est en fait un trou de verre à travers du lequel il se reconnecte à son Essence Originelle avant d'être projeté dans une autre dimension, un autre plan qu'il aura lui-même choisi pour poursuivre son ascension. Il restera libre d'y séjourner le temps nécessaire avant d'explorer d'autres mondes jusqu'à son retour en Éternité.

Que nous ayons erré pendant des milliers d'années dans la matrice astrale ou que nous venions de mondes libres, nous vivons présentement tous ce même phénomène d'ascension.

Mais pour revenir à l'étape clé de la naissance et pour aller plus loin sur un plan multidimensionnel, cette phase peut être assimilée à un temps de réminiscence des nombreux Pas-Sages que notre Êtreté a expérimentés depuis notre incarnation primordiale au sein de la matrice astrale.

Le seul fait de vivre ou revivre ce moment de la naissance en pleine conscience nous invite à libérer tout ce qui a été engrammé du fait de l'état de séparation d'avec la Source en passant par toutes les lignes de temps concernées.

A partir de cette réalité, nous sommes alors en mesure d'intégrer la réelle importance de cette traversée dans la filière génitale.

En effet, la transformation de nature énergétique a pour but de faciliter, à l'Être qui s'incarne, son adaptation à la vie aérienne qu'il s'apprête à expérimenter.

Comme lors de chaque processus de changement d'état , « *l'objet* », c'est-à-dire dans ce cas le fœtus, va être ramener sur un plan vibratoire transitoirement au point zéro c'est-à-dire à l'aulne de son énergie originelle pour ensuite s'harmoniser avec les fréquences du nouvel environnement et donc devenir un nouveau-né.

En cela, le bassin maternel représente un lieu sacré dans la densité qui participe à l'avènement de chaque Esprit sur terre. Aujourd'hui, il est essentiel de le conscientiser au regard de ce que cela peut engendrer quand cet espace est court-circuité.

Imaginez-vous un instant ce que peut vivre, ressentir un petit Être qui ne passe pas cette étape préparatoire à la vie terrestre.

Comment peut-il réellement passer à l'état de nouveau-né sans en détenir les codes pour un atterrissage en douceur et surtout en toute sérénité ?

Cette problématique est déjà reconnue par les professionnels de la naissance sur un plan physiologique.

Lors de la traversée dans la filière pelvienne maternelle, les poumons fœtaux, jusque-là baignés dans le liquide amniotique sont être essorés pour être prêts à accueillir, à travers ses alvéoles, le souffle de Vie dès l'arrivée sur terre.

Quand l'enfant est extrait de la matrice utérine par césarienne, ce mécanisme ne se fait pas et celui-ci nait avec des poumons fœtaux. Une intervention extérieure, la plupart du temps une aspiration nasopharyngienne, est nécessaire pour lui vider ses poumons afin qu'ils deviennent compatibles avec la vie aérienne.

Mais ce dysfonctionnement organique ne représente qu'une partie infime de l'écueil auquel le petit Être né par voie haute fait face.

En shuntant le Pas-Sage du bassin maternel, il est projeté sur terre dans l'état de fœtus. Au-delà du choc qui est le sien à ce moment-là de se retrouver dans un monde totalement inconnu sans y être préparé et sans avoir les clés pour s'y adapter, il n'aura de cesse de se débattre pour s'harmoniser avec la fréquence de Gaïa. Son atterrissage sera chaotique, les manifestations à travers son corps chimie seront nombreuses, allant des pleurs au refus transitoire de s'alimenter.

Ce phénomène, encore trop souvent méconnu amène parents et accompagnants à minimiser certains signes, pourtant révélateurs du fait que l'enfant n'a pas atterri. Sa présence sur terre n'est que physique. Sur un plan énergétique, il reste syntonisé à la matrice utérine.

Il est donc urgent de considérer l'impact d'une telle naissance au-delà des risques de détresse respiratoire lié au défaut de résorption du liquide amniotique.

Lors de chaque naissance par césarienne, nous devons informé le petit Être concerné du changement d'état qui est le sien dès lors qu'il atterrit, le prévenir avec Amour qu'il a en lui tous les attributs divins pour transmuter son état de fœtus en état de nouveau-né, lui laisser le temps du processus de changement en l'accompagnant avec foi et confiance.

Un temps sera nécessaire pour lui expliquer les tenants et aboutissants d'un tel atterrissage afin d'éviter l'activation d'implants collectifs relatifs à la séparation et le rejet qui alimentera sa psyché de fausses croyances et lui dictera sa façon d'agir.

Si court-circuiter la filière pelvienne maternelle altère de manière conséquente la réalité psychique du nouveau-né, il n'en reste pas moins que la traverser à un rythme imposé a aussi des répercussions, moindres certes, mais non négligeables.

En effet, en cas d'aide à l'expulsion quel que soit l'instrument utilisé, le processus de changement d'état, soumis à des forces extérieures est dès lors interrompu. Cette perturbation est souvent à l'origine de l'état de sidération dans lequel le petit Être arrive sur terre. Celui-ci, de par cette intervention, peut ne pas se sentir respecté dans son processus d'atterrissage. Il peut même engrammer de façon erronée son incompétence à concrétiser seul des projets dans la densité, du fait, qu'à sa naissance, il n'ait pas pu mobiliser toutes ses ressources et qu'il ait eu besoin d'être soutenu pour arriver à son but. Cette croyance n'aura de cesse de le rattacher à un des égrégores astraux qu'est le médiocrisme. Celui-ci est l'un de plus pernicieux qui nourrit chaque humain déconnecté de sa part divine.

Loin de moi se trouve l'intention de remettre en cause ces voies d'extraction qui s'avèrent efficaces dans une naissance sous le joug de la matrice involutive. Mais on ne peut pas nier que ces pratiques sont révélatrices d'une réelle soumission de l'humain qui occulte la mécanique quantique de la naissance.

En tant que représentant de la Source, nous avons en chacun de nous tous les codes du processus d'enfantement à condition que nous nous reconnaissons comme tels, des Êtres de Lumière.

Dès lors que nous nous comportons comme de simples humains, ces clés ne peuvent, pour la plupart d'entre nous, s'activer du fait de notre dépendance à notre subconscient qui nous relie à la matrice astrale. Tous les problèmes rencontrés lors d'un accouchement, qu'ils soient d'origine fœtale ou maternelle, sont liés à des programmes, des implants individuels et collectifs qui interfèrent avec le processus naturel jusqu'à le détourner.

Tant que la collectivité n'aura pas conscience de cette réalité, les naissances par césarienne ou extraction instrumentale seront malheureusement nécessaires dans certaines situations.

Accompagner les nouveau-nés concernés lors de leur atterrissage forcé est déjà un premier pas vers la responsabilisation des guides terrestres qu'ils soient parents ou professionnels.

Mais aujourd'hui, cette attitude palliative ne peut satisfaire pleinement les Esprits qui s'incarnent. Leur état vibratoire originel ne laisse plus place à un scénario archontique devenu obsolète. Le processus d'enfantement par lequel ils atterrissent ne peut qu'être de nature divine à l'image de Qui Ils Sont et requiert de leurs parents cette même posture.

Ainsi, nous pourrons renouer avec le Sacré de la naissance sur Gaïa.

L'ENFANTEMENT

L'enfantement est l'apothéose du chemin de la parentalité qui s'initie à la Pro- Création.

C'est en réalité une cérémonie sacrée dont les préparatifs commencent à la conception, dans une énergie divine de pur Amour.

Ce passage est en fait une épreuve initiatique pour chacun des deux partenaires , à l'image des rituels organisés chez les peuples primaires pour transcender une grande étape de Vie, retrouvant sa toute-puissance et sa souveraineté.

Aussi, l'évènement a besoin d'être vécu intensément dans une supra conscience pour l'intégrer à sa juste valeur.

Et pourtant, de nos jours, le processus d'enfantement, tel qu'il est encore vécu pour la plupart d'entre nous , est l'exemple type de la soumission de l'humain à la matrice astrale...

Tout est organisé de façon insidieuse pour ne pas dire perverse dans le seul but de d'empêcher le couple de se reconnecter à sa toute-puissance divine tant est qu'il ne l'ait jamais fait avant.

En effet, l'enfantement est un moment hors temps, tellement singulier dans la vie d'une femme et d'un homme. Il réunit toutes les conditions pour s'extraire du simple humain qu'on croit être et retrouver sa nature divine. Cette alchimie est naturelle.

Il était donc impératif pour les forces involutives qui sous-tendent ce système d'empêcher cet état de transmutation car, du moment que la reliance avec son Esprit se fait, la partie égotique fusionne avec. La personne sort alors du voile de l'oubli de Qui Il Est, retrouve sa liberté d'Être et sa souveraineté.

Imaginez le désastre, l'échec que cela aurait été pour les archontes de ne plus avoir le contrôle sur l'être humain. Dans l'absolu, chacun de nous est susceptible de vivre cette transe au moins une fois dans sa vie en devenant parent. Cela aurait mis fin à l'asservissement, à l'esclavage du peuple terrien depuis bien longtemps...

C'est pourquoi tout a été mis en œuvre pour empêcher cette reconnexion, d'abord fondée sur des croyances et rituels issus des annales akashiques puis ces derniers siècles en détournant les lois naturelles. En effet, le processus d'enfantement a été transhumanisé, réduit à un acte médical. Et ceci sous l'ingérence de médecins et sage-femmes éduqués à la pensée archontique, devenus malgré eux complices de cette grotesque fourberie...

Malheureusement, loin d'eux se trouve encore la conscience d'une telle manipulation... Et pourtant...

Dès l'entrée en faculté de médecine, l'individu qui s'oriente dans le soin, plein d'empathie et de compassion pour son prochain, va être formaté à une vision tronquée de la Vie, de la Santé et va très vite être conditionné à jouer le rôle de sauveur au sein de la société. Se met alors en place un jeu de pouvoir rendant dépendantes les personnes qu'il accompagne lors de son exercice professionnel. Ces dernières prennent une posture de soumission qui leur fait oublier leur sens critique et s'en remettent à lui de façon innocente et ignorante.

Tout au long de sa formation, le système prend soin du futur soignant , lui inculquant un complexe de supériorité que son Ego mettra à profit pour parfaire son image. Le degré de ce complexe dépend bien sûr des blessures de son enfant intérieur.

Ainsi, sans le conscientiser, il prend le pouvoir sur l'autre.

Rajoutons à cela que l'enseignement qu'il reçoit, agrémenté par l'égrégore de la peur, s'oriente principalement sur l'absence de risque, tel qu'il soit.

Ainsi, le professionnel façonné a comme objectif principal de tout mettre œuvre pour extirper son congénère du risque supposé à partir d'outils préventifs et thérapeutiques de plus en plus performants que la matrice lui propose.

Mais quel leurre...

Jamais, il ne prend conscience d'être dupé et que la plupart de ces outils ont pour but de détourner l'humain de son intériorité et donc de sa capacité d'autoguérison, le maintenant ainsi dépendant du système en place.

Même si ce schéma est aujourd'hui obsolète et voué à disparaitre dans les prochains temps, il perdure par le simple fait que les humains, programmés avec la peur de mourir, ne prennent toujours pas la responsabilité de leur vie, de leur santé et recherchent celui qui les sauvera et leur promettra la vie éternelle. C'est ainsi que le mécanisme mis en place s'autoalimente.

Le monde médical, au service de la matrice astrale, a été et reste un allié de taille pour les forces archontiques qui contrôlent l'humanité.

Intégrer le champ de la naissance à la science de la médecine pour empêcher l'être humain de fusionner avec son Êtreté a été alors une évidence.

C'est ainsi qu'insidieusement, depuis cinq siècles déjà, les médecins se sont imposés au sein de ce grand évènement sacré pour le réduire petit à petit à une simple discipline médicale, l'obstétrique. Quelques siècles plus tard, l'hôpital, qui était le lieu d'accueil des malades ouvrait ses portes aux premières parturientes en leur imposant LA position de soumission, sur le dos...

Ce fut le début de la médicalisation de la naissance et plus particulièrement celui de l'enfantement, détournant la femme du processus naturel qui se déploie dans ce temps sacré, pour dépendre de professionnels ignorants le principe Divin.

En aucun cas, je juge ces professionnels que moi- même j'ai incarné un temps dans cette vie terrestre. Je constate juste avec désolation cette manipulation et déplore l'étendue des dégâts...à commencer par l'enseignement qui formate, hypnotise et éloigne de la RÉALITÉ.

Heureusement, en ces temps apocalyptiques, de plus en plus d'entre eux se réveillent et s'ouvrent à une approche plus globale de l' humain et de son fonctionnement en y intégrant l'aspect spirituel.

Grâce à certains acteurs de la périnatalité plus éveillés que les autres, la sphère de la naissance retrouve peu à peu sa nature première, notamment sur le plan physiologique.

Il est de plus en plus clairement admis que l'enfantement est un processus naturel qui ne peut se déployer qu'à condition d'être protégé. Toute intervention extérieure ne peut que l'altérer. En le contrôlant, on défie voire neutralise les lois de la nature et on empêche l'intelligence de la Lumière d'œuvrer dans la densité. Le cercle vicieux se met alors en place...Les outils à disposition et les compétences professionnelles deviennent alors nécessaires, indispensables à la bonne marche des différentes étapes, de la conception à l'enfantement.

En ça, on peut évoquer le transhumanisme.

La mise en conscience du fonctionnement du corps chimie et le respect de celui-ci est essentiel mais à eux seuls ne garantissent pas l'intégrité du processus naturel. Encore faut-il s'extirper de la matrice et poser un regard divin pour jouir d'une naissance authentique.

Nous ne sommes pas sans savoir que le plan physique n'est qu'une expression dans la matière de ce qui se trame en amont sur un plan énergétique.

C'est ainsi que le niveau d'éveil du couple qui enfante et son état vibratoire sont décisifs pour le bon déroulement de la naissance de son bébé.

En effet , selon qu'il reste englué dans son personnage, son corps de souffrance ou qu'il se connecte à l'Humain Divin qu'il incarne, il ne vivra pas la même réalité lors de l'arrivée sur terre de sa progéniture.

Je mentionne bien le couple et pas uniquement la future mère. Si cette dernière participe activement par son corps de chair à la sortie du petit Être de la matrice utérine, il n'en reste pas moins que le positionnement du futur père est essentiel. C'est en ça que je ne les dissocie pas. Nous l'aborderons un peu plus loin.

Il reste difficile pour les humains conditionnés que nous sommes , et encore plus pour notre mental, d'intégrer que nous sommes créateurs de notre réalité.

Et pourtant...

Sur un plan quantique, tout existe sous forme de particules subatomiques qui, en perpétuelle agitation, produisent de la lumière photonique sous forme d'ondes scalaires.

Ainsi, l'être humain constitué de ces mêmes particules comme tout autre « *objet* » au sein de l'Univers émet des ondes qui, dans l'absolu, sont de même nature.

Ces ondes se manifestent dans la matière sous forme d'hologramme, représentation d'une réalité dépendante de la fréquence et la nature des ondes émises.

Si les particules élémentaires de l'« *objet* » sont parasitées par des interférences de nature électromagnétique, générées par la matrice astrale, la mécanique quantique en est perturbée, la réalité dans la densité en est modifiée.

Ainsi, plus l'être humain s'identifie à son personnage, téléguidé par son subconscient, plus il est soumis aux forces archontiques, moins il émet de lumière photonique donc d'ondes scalaires. A contrario, il produit des ondes électromagnétiques de basse fréquence diminuant considérablement son taux vibratoire originel.

Sa réalité est alors corrélée à son état énergétique. Il attire à lui des situations, des personnes... qui rentrent en résonance avec son niveau vibratoire... syntonisé à la fréquence de la matrice astrale.

C'est par ce procédé que dans le champ de la naissance, une programmation électromagnétique tel l'adage « *tu enfanteras dans la douleur* » a le pouvoir en chacun de nous d'altérer à elle seule le champ vibratoire du processus naturel de l'enfantement...

Et ceci n'est qu'un exemple.

Tous les implants collectifs et individuels, toutes les programmations, toutes les croyances issus des annales akashiques ne sont que des perturbateurs de fréquence freinant voire empêchant la Lumière d'œuvrer lors de cet évènement sacré qu'est la naissance.

A cela, rajoutons toutes les mémoires collectives et individuelles, les engrammes familiaux de naissances mal vécues dont nous sommes porteurs qui activent notre subconscient et nous relient à des égrégores, plus particulièrement celui de la peur et le tour est joué...le scénario émis ne peut être que lamentable...Dans de telles conditions, le caractère divin du processus d'enfantement ne peut pas s'exprimer dans la matière.

Par contre , si l'Être incarné se connecte à son corps d'Êtreté, il émet alors des ondes scalaires qui lui permettent de manifester dans la matière ce qui est juste pour lui, en cohérence avec son plan de Vie, sans interférence.

C'est alors que la Lumière ne rencontre aucun obstacle pour œuvrer.

Au moment de l'enfantement, le simple fait de se déconnecter de son mental, de s'abandonner au processus naturel permet la reliance à sa Divinité, sa Toute-Puissance.

La femme, connectée au plus profond d'elle à son cœur vibral, va progressivement s'alchimiser avec la part de son Féminin Sacré pour ne vibrer plus que sur cette fréquence au moment de l'ouverture complète de son utérus, tant est que son partenaire lui crée l'espace sécuritaire nécessaire pour lâcher prise et transcender au-delà de sa forme humaine. Celui-ci devient alors le gardien du temple en exprimant, pour sa part, tout son Masculin Sacré. La réunification des deux polarités unifiées est garante de la Toute-Puissance du couple, de sa souveraineté. Les cris exprimées par la future mère en seront l'expression dans la matière.

Ce mariage alchimique, au cœur de l'enfantement, n'est pas sans rappeler l'étape de la Pro-Création dans laquelle fusionnent les deux principes fondamentaux, le Masculin et le Féminin Sacrés pour recréer l'Androgynie Primordiale, indispensable à la Création.

C'est en cela qu'on ne peut pas dissocier les futurs parents lors des accompagnements à la naissance. Le père n'est pas une pièce rapportée mais bien une pièce maitresse dans la partition qui se joue sur le plan subtil.

L'énergie présente n'est alors qu' Amour, invitant la magie de la Vie à œuvrer divinement comme elle sait le faire.

C'est la condition sine qua none pour que l'événement de la naissance retrouve sa nature sacrée et que le petit Être qui atterrit sur Gaïa soit accueilli en toute conscience de Qui Il Est, reconnu dans le champ christique de son origine.

Aujourd'hui, nous devons admettre et accepter que nous sommes maitres de notre réalité telle qu'elle soit, que celle-ci est dépendante de notre état vibratoire, l'énergie étant la substance de la forme.

En cela, nous sommes responsables de toutes les situations que nous rencontrons au cours de notre vie terrestre, y compris les enfantements de notre progéniture.

En nous réside le choix d'attirer à nous l'enfantement téléguidé, téléchargé par notre subconscient, en reliance avec nos implants, nos programmations, nos mémoires...ou de manifester dans la matière le processus divin qu'est l' étape clé de l'arrivée sur terre d'un nouveau petit Être.

Le simple humain que nous incarnons ici-bas ne peut peut-être pas encore le réaliser tellement il est imprégné de médiocrisme et programmé pour n'être qu'une victime mais il est temps présentement d'intégrer que nous ne sommes pas cela.

Nous sommes des Êtres Divins qui créons nos réalités, nous sommes des tisseurs de trames, nous sommes le Chemin, nous sommes la Voie.

Si la posture parentale est garante du bon déroulement de cette étape , il n'en reste pas moins que celle des professionnels de la naissance est tout aussi importante car si ces derniers n'existent qu'à travers leur partie égotique, ils interfèrent dans le processus naturel de par leur propre champ électromagnétique, ne serait-ce qu'en projetant leurs propres peurs, la plupart du temps inconsciemment.

Il est donc grand temps de changer de paradigme...

NB : Une onde scalaire est par définition une onde sans direction, qui finit quand même par posséder un vecteur, dès lors qu'un récepteur entre en résonance avec elle. On dit qu'elle est une onde longitudinale (les forces du champ ont la même direction que l'onde) alors que l'onde électromagnétique est de nature transversale (l'onde se propage à 90° de la force exercée).

En cela, quand nous produisons des ondes scalaires, nous manifestons à nous ce qui est, en cohérence avec la réalité de notre Être alors que quand nous émettons des ondes électromagnétiques, nous entravons cette réalité et attirons un autre scénario, en résonnance avec le champ énergétique dans lequel nous évoluons.

L'ATTERRISSAGE

L'atterrissage sur Gaïa devrait sceller pour chacun de nous la fin d'un voyage interdimensionnel et être expérimenté avec beaucoup de joie et de sérénité, avec plus d'aisance pour les nouveaux Êtres qui s'incarnent en ces temps, de par leur provenance de mondes unifiés, libres, sans bagages karmiques comme nous autres avant eux.

Et pourtant...L'arrivée sur terre continue d'être vécue avec tant de peurs, de colère, de souffrance.

Pourquoi en est-il encore ainsi ?

Ce sont bien évidemment les conditions d'accueil et donc la conscience collective incarnée par les parents et les professionnels de la naissance qui déterminent l'état d'être du nouveau-né à son atterrissage.

A l'identique de la matrice utérine où présentement tout est réuni pour que fusionnent les corps de Lumière et de chair, la planète Terre, en pleine transmutation, offre l'opportunité à l'Esprit qui s'incarne de continuer de rayonner et d'œuvrer dans la matière durant tout son séjour terrestre.

Encore faut-il recevoir l'information en amont en tant que fœtus, afin de s'y préparer et de se libérer de l'implant collectif qui nous programme à nous déconnecter de notre divinité pour n'exister qu'en tant qu'humain et ce, dès le moment de notre naissance.

Toujours embourbés dans la matrice astrale, nous n'avons malheureusement pas conscience que les deux étapes clés de la vie sur terre que sont la naissance et la mort ne sont que des programmations archontiques visant à séparer notre personnage ici-bas de notre Êtreté, à nous couper de nos attributs divins.

En effet, nous portons tous en nous la croyance qu'il faille mourir à notre Être Divin pour exister en tant qu'humain et mourir à notre corps de chair pour retrouver notre Lumière tant est qu'on ne soit pas formaté à ne croire qu'on existe uniquement sur terre...

Dès lors que notre corps physique s'harmonise à la vibration terrestre, syntonisée aux forces archontiques, nous réactivons la blessure primordiale contactée il y a 320 000 années lors de notre première incarnation dans la matrice.

Bien évidemment, cette blessure de séparation n'est qu'illusion tout comme l'entièreté de ce grotesque scénario mais tout a été mis en œuvre pour que l'humain l'intègre au cœur de ses cellules aussitôt à son arrivée sur la planète.

Cette blessure restera sur le devant de la scène jusqu'à la fin du voyage sur Gaïa, nourrie de mémoires individuelles et collectives des différentes lignes de temps de cette période archontique. Imprégnée dans les profondeurs de l'inconscient collectif, sa force est telle qu'en plus d'être omniprésente chez les humains qui ont été prisonniers dans la roue karmique, elle réussit à parasiter les Esprits Libres qui viennent de mondes déjà unifiés.

A la différence que ces derniers expriment leur ressenti sans retenue et ce, dès leur naissance, notamment à travers la colère qui n'est autre que la manifestation de l'énergie de Vie détournée. Ceci explique la puissance de l'émotion extériorisée. Dommage qu'aujourd'hui encore peu de parents en aient conscience, les amenant faussement à interpréter le comportement de leur enfant qui ne se sentant pas entendu et surtout pas compris, redouble d'intensité dans l' expression de sa colère originelle.

C'est aussi à l'instant même de notre atterrissage que nous nous connectons au plus grand égrégore qui règne dans la matrice inversée, celui de la peur (cf. chapitre « Objectif non-peur ».

En effet, la plupart du temps, non préparé à ce passage dans la densité, le nouveau-né en est étonné voire choqué. Sa réaction première, comme tout humain dépouillé de sa Lumière, est la peur de l'inconnu.

Certains le manifestent rapidement par des pleurs incessants, inconsolables. D'autres restent dans un mutisme un certain temps avant de l'exprimer à travers des comportements jugés inadaptés par le collectif.

Si, dans la matrice utérine, l'Être qui pénètre dans la matière a un avant-gout de l'environnement énergétique dans lequel il arrive, ce n'est qu'une fois sorti des voies génitales maternelles que son corps humain se syntonise avec la vibration de la terre.

La fréquence énergétique du petit Être incarné va donc très rapidement s'harmoniser avec celle de la planète.

Tout comme les humains qui ont été happés par la matrice astrale, la planète Terre a subi le même sort et a été coupée de la Source par des couches isolantes qui ont détourné la vibration supraluminique, l'empêchant ainsi de rayonner l'Unité pour n'en faire qu'un monde de dualité, d'asservissement. La couche principale était l'Anomalie Primaire, nous l'avons déjà évoquée.

Ce voile, de nature électromagnétique ainsi composé, a engendré un transinversement au niveau du sens de rotation du noyau cristallin terrestre, dénaturant ainsi le cœur même de Gaïa qui, à l'image du cœur vibral chez l'humain, est le portail énergétique de la Terre qui lui permet d'accéder à l'Énergie Divine et de fusionner avec.

C'est ainsi que durant toute cette période d'enfermement jusqu'à la disparition de l'Anomalie Primaire, notre planète a été dans de basses vibrations soumises aux forces archontiques. Le fait d'y atterrir amenait le corps chimie de chaque Être à se brancher à ces basses fréquences, le déconnectant ainsi de sa Vibration Originelle.

Il était dès lors sous l'emprise des couches isolantes qui empêchaient de façon pérenne la fusion de son corps de Lumière et de son corps de chair au profit de ses différents corps subtils qui allaient constituer ici-bas son personnage.

Chaque naissance était alors vécue comme un déchirement...

Mais depuis 2018, cette machinerie est obsolète du fait de la dissolution de l'Anomalie Primaire. Dès lors, le cœur de Gaïa s'est reconnecté à son Essence Divine amenant la planète à vibrer au diapason de la Lumière, de la Source. L'énergie qui en émane alors est appelée Onde de Vie.

Aussi, chaque nouveau-né, débarquant sur terre présentement a toutes les conditions réunies pour se syntoniser à cette fréquence d'Amour qui n'est autre qu'une représentation de la fréquence de son Esprit, de son corps d'Êtreté.

En pratique, cette harmonisation se fait lors de la première inspiration.

Dans la matrice utérine, les poumons du fœtus ne sont pas fonctionnels, les échanges gazeux se font par l'intermédiaire du placenta et donc de l'organisme maternel.

Ce n'est que lors de l'arrivée sur terre du petit humain qu'ils prennent le relais et deviennent opérationnels, après avoir été essorés dans la filière pelvienne maternelle lors de son passage (in utéro, les millions de cavités pulmonaires appelées alvéoles sont remplies de liquide amniotique).

A sa naissance, au contact de l'air ambiant et donc du changement de pression atmosphérique, le nouveau-né a le réflexe d'inspirer cet air dilatant ainsi ses alvéoles, enclenchant alors deux processus, celui de respiration autonome et celui de l'arrêt de la circulation fœto-maternelle (cf. chapitre « *Placenta et cordon à l'honneur* »).

C'est ainsi que les premiers échanges gazeux entre le nouveau-né et son environnement se mettent en place.

Et c'est à cet instant précis que la syntonisation de l'énergie du corps chimie à celle de la terre se fait d'où l'importance de la conscientisation de ce qu'il se joue réellement.

Sur un plan multidimensionnel, le corps humain et plus particulièrement le système respiratoire protégé par la charpente thoracique a été pensé pour être un espace alchimique entre la matière et la Lumière, un espace sacré, un sanctuaire qui nous permet de rester en contact avec notre Essence Divine.

Si, au niveau organique, les alvéoles pulmonaires sont des lieux d'échanges gazeux entre le dedans et le dehors ; au niveau quantique, elles sont l'interface entre la vibration de la planète qui vibre présentement sur la fréquence de l'Amour, et celle de l'Être incarné.

L'alchimie de ces deux énergies va permettre au nouveau-né de rester dans l'Unité de Qui Il Est, au-delà de la forme et ainsi rayonner la pleine Lumière lors de son passage terrestre.

Nous pouvons préciser au passage que la structure hexagonale de ces alvéoles nous invite à y voir le caractère divin de ces cavités. En effet, selon la géométrie sacrée, l'hexagone symbolise l'Amour qui est de fait l'énergie divine.

D'ailleurs, chaque particule adamantine, composant la Lumière, a cette même structure géodésique. On la retrouve aussi dans la nature, notamment dans l'organisation des ruches, nous rappelant les attributs divins des abeilles qui œuvrent comme tant d'autres Êtres vivants pour l'équilibre de la planète.

C'est cela la magie de la Vie...

Malencontreusement, tous les êtres humains qui se sont incarnés durant l'enfermement séculaire n'ont pas pu bénéficier de ce processus alchimique qui leur aurait permis de continuer de vibrer sur la fréquence de leur Essence Divine et pour cause...

Pendant ces 320 000 années, l'air que nous avons respiré était relié au Feu de l'Air, séparé, dans la matrice astrale, des quatre autres Feux créateurs. Rappelons juste qu'unifiés ces cinq Feux constituent le Feu de l'Éther Primordial , un des constituants de la Lumière Divine, de l'énergie de Vie (cf. chapitre « la matrice utérine »).

En inspirant cet air, dissocié des quatre autres éléments, l'humain entrait donc en contact avec une vibration falsifiée de l' Énergie de Vie, un champ vibratoire dénaturé, de basse fréquence.

C'est ainsi qu'à chaque naissance sur terre, l'Être, qui atterrissait, imprégnait en son sein, dès sa première inspiration, ce champ électromagnétique et s'harmonisait avec, se coupant de façon pérenne de sa Vibration Originelle. Il entrait alors dans le monde de la dualité.

A cette malversation se rajoutaient des implants, des engrammes au niveau du diaphragme, grand muscle de la respiration, empêchant celui-ci d'œuvrer librement pour permettre le plein déploiement des alvéoles pulmonaires et donc la reconnexion à son sanctuaire intérieur.

En effet, durant toute cette période, le diaphragme, recroquevillé sur lui-même et contracté en permanence, a été programmé, bridé par les forces archontiques pour limiter notre capacité respiratoire. C'est ainsi que tous les êtres humains, pris au piège , ont atterri avec cette déficience fonctionnelle. La plupart, de façon inconsciente bien sûr, sont restés en hypoventilation tout le long de leur voyage terrestre et de fait, n'ont fait que survivre...

Il est intéressant de mentionner qu'en règle générale, moins de la moitié de nos alvéoles pulmonaires sont fonctionnelles, nous maintenant ainsi enfermés dans un espace appelée « cage » thoracique.

Notre système respiratoire ainsi cristallisé a servi d'appât aux prédateurs qui n'ont eu de cesse de nous asservir pour mieux répondre à leurs besoins.

Selon ces conditions, nous pouvons aisément imaginé le choc voire la sidération que représente chaque arrivée sur terre lors de la première inspiration dans la matrice astrale. La peur, déjà contactée lors du passage dans la filière génitale va s'amplifier jusqu' à tétaniser le nouveau-né. Cet état d'être l'accompagnera toute sa vie terrestre durant, le séparant de Qui Il Est sur un plan multidimensionnel.

La bonne nouvelle, c'est qu'aujourd'hui grâce à la reconnexion au Féminin Sacré, à la fusion des Eaux d'en haut et des eaux d'en bas, les cinq Feux créateurs dont le Feu de l'Air sont réunifiés. Ensemble ils constituent le Souffle Divin. On retrouve ce souffle dans l'Onde de Vie qui caractérise l'énergie actuelle du cœur de Gaïa.

A présent, l'Être qui arrive sur terre peut se syntoniser dès sa première inspiration avec ce Souffle Divin qui lui permet de continuer de rayonner dans la densité sa vibration luminique et d'expanser pleinement son corps d'Êtreté. L'accueil de ce souffle, de cette Onde de Vie initie son processus d'ancrage à la Terre Mère.

Si tout est en place énergétiquement maintenant pour vivre pleinement et divinement la vie terrestre, la seule exigence réside dans le fait de créer l'environnement propice.

Une fois de plus, l'état de conscience des parents et des professionnels de la naissance est déterminante. Si ceux-ci ne sont pas reliés au Divin , si ceux-ci n'ont pas retrouvé leur Essence Divine et qu'ils continuent d'alimenter la matrice d'énergies grégaires, le petit Être qu'ils accompagnent est plongé à son arrivée sur terre dans un champ énergétique qui n'est autre qu'un plagiat du Souffle Divin. Il subit ,comme ses congénères avant lui, les effets délétères de cette immersion. Vivre ne sera pour lui qu'une illusion...

A contrario, si les acteurs qui le soutiennent dans cette expérience terrestre se sont extraits eux-mêmes de la matrice, le nouveau-né peut jouir dès son arrivée de tous ses attributs divins, à commencer par considérer et utiliser son système respiratoire comme un joyau au service de son Êtreté.

Nous avons tous l'opportunité présentement de retrouver notre plein potentiel respiratoire et, de par la même, nous connecter au Souffle Divin. C'est à la portée de chacun de nous.

Conscientiser tout ce qui a été orchestré en est la première étape. Redonner aux organes de la respiration, notamment aux alvéoles pulmonaires et au diaphragme le rôle sacré qui est le leur est indispensable.

Dans un deuxième temps, il est essentiel de laisser l'Intelligence de la Lumière agir dans un lâcher prise total et une confiance impartiale. Elle seule est capable de nous débarrasser des implants individuels et collectifs engrammés que ce soit dans notre corps chimie ou dans notre psyché.

Ainsi, chacun de nous pourra accéder à sa propre ReNaissance et retrouver sa Liberté d'Être. Sa cage thoracique se transformera en un sanctuaire lui permettant de respirer l'Onde de Vie dans la densité à pleins poumons. Il accèdera alors à la Vie.

Une fois l'expérience de reconnexion au Souffle Divin vécue et donc les retrouvailles avec son Essence Originelle, il devient aisé pour les futurs parents et ceux qui les soutiennent dans la parentalité d'accompagner les nouveaux Êtres qui s'incarnent à préparer leur système respiratoire à s'harmoniser, lors de leur atterrissage, à la nouvelle fréquence de Gaïa qui n'est qu'Amour. Cette préparation se fait en amont, pendant la grossesse.

Plus globalement, il est impératif de les préparer à leur arrivée sur terre pour qu'ils puissent déjouer tous les pièges de la matrice, qui, bien qu'effondrée, continue d'interférer, leur évitant ainsi l'étonnement, la stupeur voire le choc dû à la plongée dans cet environnement quelque peu hostile.

Aucune technique n'existe pour cela, il suffit juste d'être centré, donc relié à son Esprit, se laisser traverser par l'Énergie du Verbe et communiquer avec le fœtus, dans sa dimension quantique. Le message vibratoire est reçu, au plus juste, au cœur de son Être.

Ainsi, il pourra atterrir dans un écrin d'Amour et vivre pleinement son expérience terrestre.

NB : L'énergie du Verbe (ou le Verbe qui se fait chair) est le langage vibral de l'Esprit qui émane directement du cœur, courcircuitant le mental. Il s'ajuste au taux vibratoire de la personne à qui le message est adressé en pénétrant son cœur. Son action est immédiate. C'est un baume guérisseur.

PLACENTA ET CORDON À L'HONNEUR

Honorer chaque placenta et chaque cordon ombilical en leur dédiant un chapitre, aussi succinct soit-il, a été pour moi une évidence tant leur contribution est importante autant dans le développement de nos corps chimie que leur reliance à notre Êtreté.

Ignorer, en tant que guide terrestre, leur rôle systémique peut freiner voire empêcher le petit humain de s'abreuver in utéro de l'énergie de la Mère Divine et de rapatrier tous ses attributs au moment de son atterrissage sur Gaïa pour mener à bien son plan de Vie. Les conséquences ne sont nullement négligeables...

Sur un plan embryologique, le placenta et le cordon ombilical sont deux structures qui se constituent dans les premières semaines de vie intra utérine, à partir de tissus embryonnaires déjà organisés.

Aussi, ils font partie intégrante du fœtus tant organiquement qu'énergétiquement.

Et pourtant, dans le jargon médical, ils ne sont définis et reconnus que comme des annexes du fœtus.

Le cordon est composé d'une veine et de deux artères, entourées d'une sorte de gélatine appelée gelée de Wharton.

La veine ombilicale permet la circulation du sang du placenta au fœtus. Sa fonction est de transporter des substances, en provenance de l'organisme maternel, essentielles à sa croissance physique et son métabolisme cellulaire. On y retrouve notamment l'oxygène et les nutriments indispensables au développement du corps chimie.

Nous aborderons dans le chapitre intitulée « *la nourriture sacrée* » le processus d'ancrage à la Terre Mère qui est initié à travers l'apport de nutriments in utéro.

Les deux artères quant à elles, relient le fœtus au placenta. Leur rôle est de ramener le gaz carbonique et les déchets cataboliques qui, après avoir traversé la barrière placentaire, sont déversés dans la circulation maternelle pour, ensuite, être éliminés.

Les échanges entre les circulations maternelle et fœtale se font au niveau du placenta (plus précisément aux niveau des villosités choriales) qui, le temps de la vie utérine, est l'organe assurant les fonctions respiratoire, nutritive, émonctorielle, immunitaire et endocrinienne du fœtus.

Mais, au-delà de leur participation au mécanisme physiologique fœtal, le placenta et le cordon sont les deux canaux permettant au fœtus d'entrer en résonance avec le champ vibratoire de sa mère.

En effet, la reliance de cœur à cœur suit la voie placentaire d'où la responsabilité, pour cette dernière, d'être accordée avec son Êtreté afin de vibrer sur la fréquence d'Amour.

Le placenta est tel le Graal qui accueille l'énergie maternelle et la transmet au fœtus par la voie de son cordon ombilical, le connectant ainsi directement à cette fréquence.

Au niveau quantique, la mère biologique est en fait l'incarnation de la Mère Divine jusqu'à ce que la Terre Mère prenne le relais (cf. chapitre « *la nourriture sacrée* »). Pour l'Esprit qui s'incarne, elle représente le pont entre la Source et Gaïa.

La posture énergétique de la mère est donc déterminante pour accompagner au plus juste le petit Être qui vit ces premiers moments dans la matière.

Comprenez bien que si celle-ci ne s'identifie qu'à son corps de souffrance, le champ vibratoire transmis au fœtus est vecteur d'engrammes, de mémoires émotionnelles qui parasitent sa propre fréquence énergétique. Ce procédé participe largement à la construction de son personnage, de son Égo.

De surcroit, l'amour transmis à son enfant n'est qu'illusoire (cf. chapitre «*La déprogrammation 1 : la cellule familiale*»), ne lui offrant pas alors les conditions optimales pour rayonner pleinement la Lumière dans son corps de chair.

Dans certains cas, cette distorsion énergétique s'inscrit dans la matière dès la vie utérine. Elle s'exprime notamment à travers le mécanisme d'hypoperfusion placentaire, responsable du retard de croissance intra utérin, et dans les anomalies du cordon tels les nœuds, les circulaires.

Si les fonctions physiologiques du placenta et du cordon sont bien connues du milieu obstétrical, leur rôle, sur un plan énergétique est largement ignoré...

Des pratiques inadaptées lors de l'atterrissage restent de nos jours à déplorer, notamment le clampage précoce du cordon amputant le nouveau-né de clés essentielles pour vivre sur terre dans la complétude.

Déjà d'un point de vue physiologique, la compréhension du processus est faussée. Il est transmis aux professionnels que le nouveau-né devient autonome sur un plan circulatoire et donc respiratoire dès lors que le cordon ombilical est sectionné. Aussi, c'est l'un des premiers gestes réalisés par la sage-femme à l'atterrissage alors que le placenta et le cordon sont encore fonctionnels. Le relais entre le placenta et les poumons est alors induit brutalement, pouvant engendrer chez le petit Être un stress conséquent, le préparant certes à son asservissement au sein de ce monde...

Alors que l'accompagner à venir sur terre en respectant sa propre physiologie, son propre rythme l'invite à garder sa souveraineté et son autonomie quantique et la mettre au service de son corps chimie.

Tant que le cordon ombilical pulse, cela témoigne que le placenta et le cordon sont encore fonctionnels. L'arrêt des battements est le signe que l'Être incarné est devenu nouveau-né, prêt à délester ces deux organes appartenant à sa structure fœtale.

C'est donc à partir de cet instant que le cordon peut être sectionné.

Que dire à propos de la séparation brutale d'avec le champ vibratoire de sa mère, qu'elle qu'en soit la nature.

Dans la matrice utérine, le fœtus s'est acclimaté à la vibration de sa mère biologique qui le soutient, même de façon illusoire parfois, dans son processus d'incarnation.

Imaginez son ressenti au moment de l'atterrissage. D'une part, il est expulsé de l'environnement dans lequel il baignait depuis neuf mois, d'autre part il est amputé de l'organe (placenta) qui le reliait à sa mère avant que le sein maternel, devenant le nouveau Graal, ne prenne le relais. Comment ne pas être tétanisé par cette arrivée sur terre...

C'est pourquoi la mise au sein doit se faire en amont du clampage du cordon afin d'offrir au nouveau-né une continuité dans le lien avec sa mère qui, répétons-le, représente la Mère

Divine le temps de son ancrage à Gaïa (cf. chapitre « *la nourriture sacrée* »).

Conscientiser le rôle systémique du placenta et du cordon ombilical lors de chaque naissance devient aujourd'hui une évidence.

Nous en avons tous été séparés avant d'avoir eu le temps de les rapatrier sur un plan éthérique au sein de notre structure énergétique, faisant de nous des Êtres humains amputés.

Présentement, des soins quantiques sont proposés à tout en chacun pour les réintégrer dans sa structure énergétique afin de retrouver la complétude de son Être.

Sensibiliser les professionnels de la naissance à reconnaitre la nature divine de ces deux organes fœtaux tant durant la grossesse qu'au moment de l'enfantement est, à ce jour, fondamental.

Responsabiliser la mère, informer le petit Être qui s'incarne, celui qui atterrit de leur caractère sacré fait partie intégrante d'un accompagnement en conscience.

Après la naissance, les célébrer, les honorer d'avoir été des supports, des vecteurs de la Mère Divine durant la vie-utérine scelle leur participation au Grand Tout et assied l'énergie d'Amour dans la matière.

LES PREMIERS PAS SUR TERRE

Si la reliance au Souffle Divin, à travers sa première inspiration, permet au petit Être qui atterrit de rester connecté à son Essence Divine, il n'en reste pas moins que le début de ce voyage terrestre a besoin d'être appréhendé en toute conscience avec un accompagnement adapté.

Actuellement, les Esprits qui s'incarnent viennent de mondes unifiés. En arrivant sur terre, ils découvrent un tout autre univers, un monde de dualité où se côtoient encore les forces de l'ombre et de la Lumière. Le premier défi, et pas des moindres, est celui de déjouer les pièges de la matrice et ses forces maléfiques. Sans boussole, livré à lui-même, la tâche est rude voire impossible.

Imaginez-vous débarquer seul dans un pays étranger au vôtre, ne connaissant ni la langue, ni la culture, ni les codes. Inconcevable, direz-moi...Un guide vous sera nécessaire les premiers temps de ce voyage pour vous permettre de jouir pleinement de cette expédition et d'éviter les écueils. Une fois acclimaté, à l'aise avec ce nouvel environnement, vous pourrez poursuivre seul, en toute autonomie.

Pour l'Être Divin qui s'incarne dans un corps de chair, tout rayonnant qu'il puisse continuer de vibrer, c'est la même chose. La vie terrestre est une expérience qui requiert un réel apprentissage, particulièrement les premières années.

Aussi, il a besoin de guides, qu'il a, au préalable, choisi en toute Intelligence. Les parents, biologiques ou non, sont ceux qui tiennent ce rôle.

Leur mission essentielle est de préserver chez l'enfant sa nature sacrée en contrecarrant les lois archontiques toujours présentes dans la société et ce, dès ses premières minutes de vie.

En effet, la plupart du temps, il y est confronté dès sa naissance...

C'est pourquoi l'environnement choisi pour accueillir ce nouvel Être sur Gaïa doit se faire en toute conscience et dans le respect de son Êtreté.

Malheureusement, les structures actuelles ne répondent pas ou trop peu à ce besoin fondamental d'être reconnu pour ce Qui Il Est.

Le nouveau-né n'est considéré qu'à travers son corps chimie, parfois à travers sa psyché mais n'est jamais appréhendé dans sa Divinité. Le caractère sacré, nous l'avons déjà abordé dans le chapitre sur l'enfantement est occulté, sacrifié laissant libre champ au monde médical de s'approprier la naissance.

Certes, tout est balisé pour que ses débuts sur terre se déroulent dans les meilleures conditions sur un plan physique et on sera à l'affût du moindre dysfonctionnement organique qu'on tentera de résoudre le cas échéant.

Mais cette attitude est-elle responsable ? Est-elle réellement en adéquation avec l'adaptation de l'Être Divin à l' environnement terrestre?

N'est-elle pas minimaliste à sa réelle acclimatation dans la densité ?

Même si les toutes les conditions sont réunies, comme nous l'avons évoqué précédemment, pour que le corps de chair se syntonise lors de l' atterrissage à la vibration luminique, il n'en reste pas moins que le nouveau-né doit être accueilli avec toute la conscience de Qui Il Est pour pouvoir pleinement rayonner et œuvrer librement selon son plan de vie.

Cette étape relève, comme les précédentes, toute son importance et requiert, au moins la participation des parents, à défaut de celle des professionnels, le plus souvent ignorants de la nature profonde de cet événement.

En effet, ces derniers, de plus en plus robotisés et instrumentalisés par la matrice, n'ont même pas la présence d'esprit que chaque petit Être qui nait sur cette planète est unique et qu'il manifeste sa singularité dans la matière dès son arrivée. Leur vision, bien formatée, étriquée fait fi de ce qu'il se joue sur un plan quantique.

Chaque accueil en maternité est orchestré selon un référentiel validé par la « haute instance obstétricale » qui s'est attribuée, au passage, les pleins pouvoirs pour définir les critères orthonormés de l'adaptation à la vie terrestre.

Et cela commence par le premier cri émis par le bébé... Déjà là, le nouveau-né est chronométré et a un temps limite toléré pour émettre ses premiers sons qui inscrivent dans la matière l'autonomie de son système respiratoire. Au-delà de ce temps établi, il est stimulé voire assisté pour activer ses poumons de quelque manière que ce soit.

En aucun cas, je condamne et réfute cette assistance respiratoire qui, dans certains cas, est indispensable à la survie.

Mais s'interroger sur le sens profond du retard de mise en route de cette fonction, notamment pour les nouveau-nés à terme, est un premier pas vers l'Intelligence du Cœur.

Certes, pour chaque cas rencontré, il est évoqué par l'équipe médicale, une cause obstétricale ou autre, qui est recevable et acceptable pour le commun des mortels.

Mais, en réalité elle n'est qu'un trompe l'œil visant à endormir la conscience collective.

En fait, si on s'extrait de la matrice, cette soi-disant cause n'est qu'un facteur favorisant amenant à l'état de fait.

La véritable origine en est la peur contactée notamment lors du passage dans le bassin maternel, nous l'avons déjà évoqué lors des chapitres correspondants.

Cette peur, alimentée par les programmations du subconscient , de surplus transmise inconsciemment par la mère, elle même pétrifiée par son enfantement, va paralyser l'entièreté du corps physique du petit Être. Tous ses muscles et plus particulièrement le diaphragme, qui est le chef d'orchestre du système respiratoire, vont se tétaniser. L'autonomie fonctionnelle du souffle ne peut alors s'enclencher.

Pour pallier à cette situation, encore trop fréquemment rencontrée, au regard du conditionnement humain, nous sommes invités, parents et accompagnants, de faire de ce lieu d'accueil un espace sécurisant d'Amour qui permet au nouveau-né de déposer et transmuter cette peur en un état de Joie Intérieure.

Ainsi, il pourra appréhender ses premiers pas sur terre avec une foi inébranlable.

Autant dire qu' à ce jour, ces lieux en résonnance vibratoire avec la matrice christique qui est pur Amour, sont trop rares...au profit de ceux qui n'émettent encore que des ondes de basses fréquence syntonisées à l'égrégore de la peur.

Si l'énergie du lieu d'accueil est essentielle, rien ne prévaut, pour vivre ce grand évènement dans la sacralisation, une préparation des futurs parents et du petit Être en amont de la naissance.

Cela demande au thérapeute qui accompagne le trio d'être lui-même libéré de tous les implants individuels et collectifs relatifs à l'enfantement pour incarner la Sagesse et la Sécurité nécessaires à la transmission et réactivation des codes sacrés de la naissance.

Avant de clore la discussion autour du premier cri, je souhaiterais relever un point qui a toute son importance.

Si le processus d'incarnation est le même pour tous et que nous sommes tous issus de la Source Centrale, il n'en reste pas moins que nous rayonnons dans la matière avec, chacun, notre singularité. Dans ce sens, nous ne pouvons donc pas être comparés les uns aux autres.

Ainsi, à notre arrivée sur terre, notre adaptation est unique. Se référer à un temps limite pour respirer de façon autonome, pour dire « *oui* » à la vie terrestre peut être interprété par le nouveau-né qui atterrit comme non respectueux de son propre rythme à s'acclimater à ce nouvel environnement. Ne pas lui laisser la liberté de se déployer comme il est juste pour lui devient alors sa première injonction au sein de la matrice astrale. Injonction qu'il engrammera dans ses cellules et qui servira de base à son conditionnement humain.

J'ose évoquer ce cas particulier car j'en ai fait l'expérience lors de mon atterrissage, il y a plus d'un demi-siècle. Ayant eu l'opportunité lors d'un soin de revisiter ma propre naissance, j'ai pu ressentir profondément en moi la colère envers la sage-femme qui me tapotaient les plantes de pieds car je tardais à émettre mon premier cri. Du point de vue du nouveau-né que j'étais, elle faisait clairement acte d'ingérence en m'imposant un rythme d'atterrissage sans prendre en considération mes besoins du moment.

Même si je ne doute pas, aujourd'hui, qu'elle y avait mis à ce moment-là toute sa conscience professionnelle, ce geste, au-delà d'être maltraitant, était symbolique d'un abus de pouvoir qui donnait le ton à mon entrée dans ce monde de dualité.

Pour autant, je n'incite pas à rester passif lors d'un retard dans la mise en route de la respiration autonome et j'ai conscience qu'à ce jour, ces pratiques sont obsolètes mais d'autres, moins délétères certes, ont pris le relais et perdurent.

J'invite juste les professionnels à faire preuve de discernement à chaque situation d'autant plus si le petit Être a pu cheminer en conscience depuis son passage dans la matrice utérine restant connecté à son Esprit.

Considérer le nouveau-né dans son entièreté, le reconnaitre pour Qui Il Est passe aussi par se détacher de certains critères considérés comme essentiels, qui l'inscrit, dès sa naissance, dans des cases de normalité ou pas.

En effet, à peine atterri, l'enfant est confronté au regard scrupuleux de l'adulte qui l'évalue, l'analyse à travers des facteurs comme son poids, son comportement, son sommeil, la mise en route de son alimentation...

Si l'un d'eux sort du cadre acceptable, tout est mis en œuvre pour le ramener à la norme établie sans chercher à comprendre le sens profond de ce qui est exprimé à travers cette déviation.

C'est ainsi qu'à peine expulsé de la matrice utérine, l'enfant est déjà soumis à répondre à des attentes établies par le cadre institutionnel.

Il poursuit alors sa déconnexion à sa nature profonde, occultant ses propres besoins. L'apprentissage à la résilience a bel et bien commencé...

En effet, cet état de fait ne fait qu'annoncer l'environnement dans lequel l'enfant de Lumière va évoluer, un environnement où tout est réglé, tout est conditionné, où la singularité est bannie.

Encore ici, je n'incite aucunement à banaliser la prise en charge des nouveau-nés présentant des particularités relevant de pathologies.

Je mets juste en exergue la marque indélébile qui s'inscrit dans la psyché de ce petit Être après avoir reçu de telles injonctions, à peine son expérience dans la densité commencée.

Quelle que soit la singularité que l'enfant présente, qu'elle soit physique, émotionnelle ou comportementale, il est essentiel d'en comprendre le sens conjointement aux éventuelles actions entreprises.

La manifestation est avant tout l'expression d'un déséquilibre intérieur qui révèle déjà l'identification à son corps de souffrance donc une syntonisation au champ électromagnétique archontique. Ce signe traduit le plus souvent le sentiment de peur (encore lui...) voire le refus de l'incarnation alimenté d'une croyance établie à partir d'un engramme de nature individuel, familial ou collectif.

En tant que guides terrestres, nous sommes invités à décoder celui-ci afin de donner les clés à ce petit Être pour s'en libérer et surtout délester ce corps qui n'a d'existence que dans ce monde désunifié.

Surtout ne cherchez aucune technique extérieure pour communiquer avec le nouveau-né. Telle qu'elle soit, elle ne permet qu'un échange au sein de la matrice, c'est-à-dire de personnage à personnage. Cette communication n'est ajustée, sur un plan vibratoire, qu'aux besoins de l'égo, qui, nous l'avons vu précédemment, sont déjà conditionnés.

Nous portons tous en nous les attributs nécessaires pour dialoguer avec lui.

En effet, du moment que nous communions avec notre Êtreté au sein de notre cœur vibral, nous avons la possibilité de rentrer en synergie avec sa vibration originelle qui est, en fait, l'expression de son Esprit. Par ce canal, ce dernier nous transmet les informations opportunes qui, une fois décodées et intégrées par notre Être sont restituées au nouveau-né incarné par le Verbe Qui Se Fait Chair à travers la parole.

Cette énergie transmise s'ajuste au taux vibratoire du nouveau-né pénétrant son cœur. C'est une relation d'Esprit à Esprit, de cœur à cœur.

Ainsi, cette vibralisation lui permet de se libérer des pièges des forces involutives avec lesquelles sa part humaine est déjà entrée en résonance et d'en déjouer d'autres.

Seule, cette voie conduit à la transmutation en Lumière de ce qui a déjà été terni , souillé par l'énergie archontique au sein de son corps chimie.

Comme à chaque fois que la magie de Vie opère, le processus alchimique est instantané, le nouveau-né se reconnecte aussitôt à son Essence Divine et déleste avec facilité les parts d'ombre que son corps de chair a déjà intégrées. Cette énergie est en fait un baume guérisseur.

Cette communication de cœur à cœur, d'Être à Être, peut s'établir dès la vie utérine.

J'invite aussi parents et professionnels à s'y initier et à la pratiquer quel que soit l'âge de son enfant afin de répondre avec justesse à ses besoins.

Aujourd'hui, en l'état de conscience qu'il nous est donné d'avoir, elle est le seul moyen d'échange authentique pour tous les êtres humains, enfants et adultes. En effet, elle est garante d'une relation de pur Amour sans profit de l'égo, sans intérêt quelquonque à part celui de servir la Lumière et d'œuvrer en concert.

Elle est devenue la seule voie d'accès des thérapeutes qui œuvrent en adéquation avec la dimension quantique, le seul chemin qui permet de traverser le voile de l'oubli et d'en sortir.

Lors des premiers pas sur terre d'un nouveau-né, notre mission divine en tant que guides incarnés est de le reconnaitre dans l'Essence même de sa magnificence et de l'honorer afin qu'il puisse œuvrer sur Gaïa dans son plein rayonnement .

Aussi, il nous est soufflé de l'accueillir avec la vibration de la parole juste, avec le Verbe qui se fait chair, en relation directe avec notre Esprit et le sien.

En cela, chaque geste, chaque action, chaque réflexion doit être pensé depuis son centre cœur.

En faisant ainsi preuve de discernement, les professionnels de la naissance seront guidés à offrir à ces petits Êtres qui font leurs premiers pas sur terre un accompagnement adapté aux besoins singuliers de chacun d'eux.

En amont, cette démarche responsable requiert une réelle prise de conscience parentale sur tout ce qu'il se joue dans ces premiers instants de vie terrestre. Ainsi, Ils seront à même de créer l'environnement digne de ce divin évènement.

LA NOURRITURE SACRÉE

Gaïa est un lieu sacré pour tout Être qui en reconnait sa nature divine. Elle est telle un vaisseau mère vivant qui accueille en son sein chaque Esprit qui s'y incarne lui ayant fait préalablement le serment de prendre soin de lui durant son voyage terrestre.

C'est ainsi que la Terre Mère va choyer, nourrir, soutenir tous les êtres humains qui s'harmoniseront graduellement à sa vibration avec foi et confiance dès leur atterrissage.

Elle sera ainsi, le temps de l'expérience dans la densité, la représentante de la Mère Divine, l'énergie originelle qui soustend toute Création au sein des mondes.

En effet, en son centre cristallin, elle porte tous les codes et attributs de la Source, transmis par Sirius lors de sa Création il y a plus de quatre milliards d'années, et les tient à disposition des humains tant est qu'ils intègrent leur part de Lumière dans leur corps de chair.

Dès son entrée dans la matière dans la matrice utérine, le petit d'homme va baigner dans cette énergie luminique et s'en nourrir pour en sustenter chaque cellule de son corps chimie qui sera son véhicule terrestre.

C'est par ce processus que l'Être en pleine transmutation peut ainsi continuer à vibrer l'Amour, fréquence qui nourrit, qui sécurise, qui Aime...essentielle à sa pleine réalisation dans ce monde qu' il s'apprête à explorer.

Relevons juste qu' à cette étape, bien que nous soyons déjà dans une certaine densité, la Lumière qui s'y répand provient encore du Grand Soleil Central, Alcyone et pas de Gaïa.

A l'atterrissage du nouveau-né, la Terre Mère prend progressivement le relais pour devenir après quelques mois la source intarissable de l'Énergie Divine dont il s'abreuvera pour pouvoir rayonner pleinement dans la matière.

Ce processus transitoire est concomitant à sa syntonisation à la vibration terrestre lors de la mise en route de sa respiration aérienne.

Dès lors, l'être humain n'a qu'à s'abandonner à Gaïa qui n'aura de cesse de lui transmettre l'Amour à travers ses innombrables joyaux.

Telle une mère, elle va le nourrir en abondance tout au long de sa vie terrestre offrant l'énergie nécessaire à son avatar physique afin qu'il puisse accomplir son œuvre dans l'incarnation.

Bien évidemment, les forces archontiques font tout pour déposséder la planète de cette vertu, pour la détourner de ses compétences naturelles en introduisant le principe de malbouffe , en altérant l'atmosphère jusqu'à la polluer, l'intoxiquer, en perturbant le climat...

Mais cela est sans compter présentement le rayonnement luminique du cœur cristallin de la Terre qui transmute tous ces champs énergétiques de basses fréquences et permet à l'Être incarné d'en extraire la manne sacrée pour sustenter son corps de chair.

Malgré cela, la plupart des humains, toujours embourbée dans la matrice, ne prend pas encore conscience qu'à chaque inspiration, à chaque bouchée, elle absorbe la Lumière offerte par la Terre Mère qui nourrit son corps pour lui permettre de rayonner dans la matière.

Sans cette divine connexion énergétique, le personnage avec son corps de souffrance supplante l'Esprit, ne lui laissant pas d'autre alternative que de survivre avec ce corps les quelques décennies passées sur terre...

D'autant que cette non-conscience de Ce Qui Est va contribuer à isoler l'humain de tout cet environnement luminique jusqu'à lui laisser croire que tout ce qui l'entoure représente un danger permanent, le formatant alors à être un éternel guerrier prêt à combattre tout ce qui entre en interaction avec lui tant est qu'il n' en ait pas eu préalablement le contrôle...

Cet isolement, contraire à la loi d'action de Grâce, a pour ultime conséquence de le mettre en perpétuelle insécurité et donc de vibrer la peur à chaque instant de sa vie.

Aussi surprenant que cela puisse paraitre, notre relation au monde extérieur donc à la Terre Mère est étroitement corrélée à celle à notre mère biologique nourricière dans les premiers mois de notre vie terrestre.

Dans sa multidimensionnalité, cette dernière est parée de tous les attributs divins pour accueillir en son sein chaque petit Être qui l'a choisie comme guide terrestre. C'est à travers elle que s'initie l'ancrage à Gaïa pour tout Esprit qui s'incarne. Elle est le pont entre la Source Centrale et La Terre Mère, elle représente le portail qui permet à notre Essence Originelle de s'harmoniser avec les ondes terriennes.

Nous avons déjà évoqué différentes étapes de ce processus alchimique, notamment dans la matrice utérine et dans le bassin maternel. Poursuivons...

La première compétence de toute mère qui porte et transmet la Vie est de nourrir sa progéniture.

Dès la vie intra utérine, celle-ci va mobiliser toutes ses ressources énergétiques et organiques pour mener à bien cette mission.

A ce stade, la mère nourricière est soutenue autant par la Source que par Gaïa qui supportent le fœtus par leurs fréquences vibratoires.

Les nutriments nécessaires à sa croissance physique et à son métabolisme cellulaire au sein de la matrice utérine proviennent de la Terre. En effet, ils sont le produit d'assimilation des aliments ingérés par la mère puis véhiculés ensuite par voie sanguine via le placenta jusqu'au fœtus. Ils représentent la matière organique et sont syntonisés aux fréquences de la planète.

L'eau, indispensable à ces conditions de vie aquatique émane directement de la Source Centrale comme nous l'avons déjà souligné lors du chapitre consacré à la matrice utérine. Ce liquide, régenté par l'énergie d'Amour nourrit chaque cellule de son corps de chair de particules luminiques, essentielles à son rayonnement dans la densité.

A la naissance, Gaïa prend le relais de la Source Centrale et devient l'unique Source dans laquelle le petit Être incarné va puiser pour animer son avatar physique. Pour lui témoigner tout l' Amour qu'elle a pour lui, La Terre Mère lui offre dès son arrivée sa première nourriture sacrée , le lait maternel.

La transition énergétique se fait progressivement sur quelques jours pour être effective à la montée laiteuse.

A la mise en route de la lactation, le lait produit par la mère nourricière est proche chimiquement des apports intra utérins contenus dans le liquide amniotique et ceux transportés par le sang maternel. Nous y retrouvons les mêmes nutriments et l'eau indispensables au métabolisme cellulaire.

Progressivement dans le temps, sa composition évolue pour répondre aux besoins nutritionnels du nouveau-né puis du nourrisson.

Ce phénomène est extraordinaire, hors du contrôle mental de l'humain.

Qui que nous soyons, à quoi que nous adhérons, nous ne pouvons pas nier à travers cet exemple la puissance, la magie de la Vie...

D'un point de vue multidimensionnel, cette force énergétique n'est autre que l'énergie de Vie. C'est en cela que la nourriture est sacrée et qu'elle est une offrande pour chaque Esprit qui s'incarne. Le lait maternel en est la première expression.

En effet, au-delà de sa composition biochimique adaptée aux besoins du nouveau-né, le lait maternel vibre l'Onde de Vie. Il n'en est pas moins que la contrepartie de la sève qui circule dans le cœur même du noyau cristallin de la Terre Mère, l'eau représentant le principe Féminin et les molécules organiques le principe Masculin.

La mère nourricière en est le facilitateur, c'est par elle que le petit Être fraîchement atterri va transitoirement se brancher à cette nouvelle Source d'Amour et Abondance qu'est Gaïa. Il s'y s'abreuvera le temps de son voyage terrestre afin de soutenir sans faille le rayonnement de son Esprit dans son corps de chair.

La mère est ainsi le porte étendard du nourrisson jusqu'à l'arrêt de l'allaitement, le processus est progressif et est initié dès le début de la phase de diversification alimentaire.

En effet, dès lors qu'il entre en contact direct avec les joyaux de la terre, d'origine végétale ou animale, syntonisés eux-mêmes à l'Onde de Vie, il instaure petit à petit sa propre connexion à la Terre Sacrée , devenant ainsi énergétiquement autonome.

L'arrêt de l'allaitement symbolise le passage de relais de la mère nourricière à la Terre Mère. Selon la spécificité de l'espèce humaine, cette étape se situe à environ neuf mois de vie de l'enfant. Elle correspond à son autonomie énergétique, au moment où il intègre qu'il est une personne à part entière.

Chez d'autres mammifères comme le chat et le chien par exemple, cette période se situe à deux mois de vie.

Ce procédé, concomitant à celui qui initie le nouveau-né à s'harmoniser aux fréquences terriennes est divinement bien orchestré.

Sous la gouvernance de l'Intelligence de la Lumière, il le prépare à s'ancrer graduellement à Gaïa pour s'y abandonner en totale confiance neuf mois à un an après son atterrissage, ouvrant ainsi sa part humaine à l'Amour et à la Sagesse de la Mère Divine .

C'est à cette condition que le personnage qu'il représente ici-bas pourra jouir en toute sécurité de la magnificence de l' expérience terrestre.

Aussi, la nature de la relation que chaque être humain établit avec Gaïa est étroitement corrélée à l'état de conscience de sa mère et plus particulièrement à son rapport à l'allaitement.

Si allaiter son petit est une fonction primaire et instinctive chez les mammifères, il n'en reste pas moins que chez l'humain, elle a été et reste encore déviée voire pervertie bien qu'aujourd'hui, elle tend à se réajuster.

Depuis la nuit des temps, le lait maternel est considéré comme l'aliment le plus adapté au petit Être qui arrive sur terre et ce, pendant les premiers mois de sa vie dans la densité. Sur un plan nutritionnel, immunologique et énergétique, il correspond aux besoins du nourrisson jusqu'à environ ses neuf mois. Au-delà, l'allaitement maternel maintient une certaine dépendance de l'enfant à sa mère et altère son autonomie.

Cet état de fait contredit donc les recommandations de l'organisation mondiale de la santé (OMS) et les (pseudo)études qui incitent à allaiter sa progéniture jusqu'à deux ans. N'oubliez pas que dans notre monde d'enfermement, tout a été mis en place pour nous empêcher de nous réaliser en tant qu'Être autonome. C'est pourquoi le milieu de la santé, comme tant d'autres, a été infiltré et que des organismes comme l'OMS œuvrent en ce sens, sans jamais se soucier de l'intérêt humain. Quant aux études menées, rares sont celles qui sont conduites en toute transparence sans objectif caché de ceux qui les diligentent quel que soit le domaine de la recherche y compris dans celui de la périnatalité.

Pour un petit d'homme, neuf mois de vie terrestre représentent un cap dans son incarnation. C'est le moment où il se détache de sa mère sur un plan énergétique et devient autonome. C'est lors de cette phase de séparation que la relation qu'il a au monde extérieur lui devient propre. Jusque-là, elle s'est construite à travers le filtre maternel, n'ayant d'existence vibratoire que dans le couple fusionnel qu'il forme avec sa mère.

Aussi, la représentation que cette dernière a de la Vie sur Gaïa doit s'approcher de la juste réalité multidimensionnelle afin de ne pas distordre celle de son enfant dont la vision jusqu'à son atterrissage était potentiellement neutre.

Ces mois de fusion sont nécessaires au nourrisson pour contacter pleinement sa sécurité intérieure et avoir confiance en tout ce qui est. Mais sa capacité à aller la contacter dépend essentiellement de l'état sécuritaire de sa mère qui elle, très vulnérable à cette période post enfantement, trouve soutien et réassurance auprès du père, représentation du Masculin Sacré. Celui-ci devient ainsi le support, le pilier du trio nouvellement formé.

Ce processus sécuritaire permet à l'enfant d'appréhender son autonomie énergétique sereinement, jouant un rôle essentiel à sa reliance à Gaïa.

Sur un plan multidimensionnel, la mère allaitante est le réceptacle de l'énergie de Vie, déversée par la Mère Divine. Ses seins représentent la coupe qui accueille le Nectar, pour sustenter le petit Être jusqu'à son autonomie énergétique, vers neuf mois de vie. Il est toutefois essentiel de ne pas être rigide et respecter le rythme de chaque nourrisson, cette étape clé peut se situer un peu plus tard.

Puis, à ce moment-là qui est concomitant au temps du sevrage, la mère confie son enfant avec tout son Amour à la Terre Mère afin qu'il puisse œuvrer librement le temps de son voyage terrestre.

En cela, l'allaitement maternel ne peut pas être appréhendé juste comme une fonction nutritive, immunologique et affective, c'est une réelle mécanique quantique qui introduit l'ancrage à Gaïa et permet le temps venu de s'y abandonner avec confiance.

Aussi, chacun de nous doit revisiter l'approche qu'il en a pour faciliter ce processus indispensable à tout Être qui s'incarne sur terre.

Mais au-delà de cela, nous devons préalablement nous libérer individuellement et collectivement de tous les freins qui l'entravent.

Depuis quelques décennies, la vision que les humains ont de l'allaitement maternel a évolué mais aujourd'hui, elle n'en reste pas moins sous l'emprise des forces involutives et donc téléguidée par le subconscient de chacun.

Rares sont ceux qui ont une posture ajustée. Beaucoup d'êtres humains sont conditionnés du fait qu'ils portent dans leur inconscient des mémoires existentielles, coexistentielles et des engrammes familiaux qui altèrent leur réalité.

En effet, ces failles servent d'appât aux égrégores astraux qui, par l'intermédiaire du subconscient, entravent le juste positionnement.

A cela, rajoutons des programmations archontiques implantées au sein de la conscience de masse qui font croire par exemple que le lait artificiel remplace largement le lait maternel, que ce dernier peut être de mauvaise qualité ou produit en quantité insuffisante, que le père a autant le droit que la mère de nourrir son enfant dès sa naissance...

Aussi, tous ces implants individuels et collectifs sont présentement les principaux blocages au bon déroulement du processus d'allaitement.

Chez la mère, cela se traduit le plus souvent par la croyance de ne pas être capable de nourrir son enfant, de ne pas en avoir les compétences, de ne pas être à la hauteur...la ramenant toujours dans le médiocrisme de son personnage qui l'accompagne depuis sa propre arrivée sur terre.

Au pire, son mental reptilien fait le choix de ne pas allaiter, au mieux il l'incite à initier le mécanisme pour l'interrompre quelle qu'en soit la cause avant la phase d'autonomie du nourrisson.

Évidemment, il s'en suit des répercussions chez l'enfant qui vit de façon anticipée son propre ancrage à la Terre. Cette connexion trop précoce, du fait de son immaturité vibratoire, ne l'invite pas à s'ouvrir pleinement à Gaïa.

Aussi, il ne s'y abandonne pas en totale sécurité, n'ayant pas reçu de sa mère nourricière toutes les clés pour cela. Par conséquent, il ne peut pas jouir pleinement de toutes les vertus et les codes divins de la Terre Mère.

Son expérience terrestre sera vécue dans une telle insécurité qu'il ne pourra pas vibrer, le temps de ce voyage, l'essence même de Qui Il Est, au-delà de la forme.

A contrario, des mères continuent d'allaiter leur enfant au-delà de la phase d'autonomie, après sa première année.

Celles-ci doivent juste prendre le temps d'aller dans leur cœur et ressentir au plus profond d'elles-mêmes ce qui les motivent de donner le sein aussi longtemps. Juste se poser la question « *qui nourrit qui ?*».

Derrière leur volonté voire leur militantisme de dénoncer et d'effacer des décennies d'utilisation de laits maternisés (sous la gouvernance des forces archontiques) se cache le plus souvent chez chacune d'elles une blessure de leur enfant intérieur qu'elles cherchent à réparer à travers ce lien spécifique à leur progéniture, s'en nourrissant énergétiquement et l'empêchant alors d'exister et donc de se réaliser en tant qu'Être Divin.

Les personnages qu'elles représentent ici-bas sont à mille lieux de réaliser qu'elles agissent égoïstement au détriment de leur enfant.

En cela, elles ne sont ni à blâmer ni à juger mais elles n'ont nullement conscience qu'elles sont tout aussi instrumentalisées par ces mêmes forces involutives et qu'elles restent au service de la matrice astrale.

En effet, en prolongeant la période physiologique de l'allaitement maternel, elles interfèrent dans le processus d'autonomie de leur nourrisson du fait que le lien fusionnel perdure. L'enfant maintenu en dépendance ne peut pas créer l'espace nécessaire pour s'ouvrir et se relier pleinement à la Terre et donc contacter sa propre sécurité intérieure.

Plus le temps du sevrage est éloigné de cette étape d'autonomie énergétique, plus il est difficile pour l'enfant de se déconditionner du mode de fonctionnement qui a été le sien depuis sa naissance, à savoir trouver la sécurité auprès de sa mère et non en la Terre Mère comme le plan divin l'a orchestré. Dès lors que l'enfant commence à vivre des expériences en l'absence de sa mère, tout environnement devient pour lui un danger, il se sent en perpétuelle insécurité.

Sachant que la peur générée par l'insécurité humaine est le principal « *fond de commerce* » des archontes, le temps est venu pour chacun de se libérer des programmations qui altèrent la mécanique quantique de l'ancrage à Gaïa.

Pour cela, il est essentiel de prendre conscience qu'allaiter son enfant est un processus luminique qui se met en place à la naissance dès lors que la mère ne se laisse pas happer par son subconscient et qu'elle s'abandonne elle-même à Gaïa pour laisser la Mère Divine œuvrer à travers son corps chimie.

Il est de notre responsabilité en tant que guides terrestres d'accompagner dans cette Supraconscience chaque petit Être qui s'incarne pour qu'il puisse jouir de tous les joyaux de la Terre chaque jour de son existence terrestre, à commencer par accueillir le lait maternel comme sa première nourriture sacrée.

Ainsi, il pourra se reconnaitre comme un divin enfant de la Terre Mère.

NOTRE TEMPLE SACRÉ

Durant notre voyage terrestre, notre corps organique est le support de notre Essence Divine. Sans lui, nous ne pourrions pas nous réaliser au sein de la Terre. Il est d'ailleurs composé biochimiquement des mêmes molécules que la planète et sa proportion en eau y est quasi identique.

Il est une déclinaison, un ajustement de notre corps de Lumière, celui-ci s'adaptant toujours vibratoirement à la dimension, au monde que nous explorons en tant que représentant de la Source.

Pour œuvrer divinement dans la matière, ce corps de chair a été doté de différentes structures énergétiques par lesquelles notre Esprit se manifeste. Les plus connues sont les méridiens, les chakras mais il en existe bien d'autres, certaines d'entre elles sont des portails énergétiques telles les couronnes radiantes de la tête, du cœur et du sacrum... Ce sont des portes interdimensionnelles qui relient notre avatar physique avec notre Êtreté.

Malheureusement, lors de l'enfermement dans la matrice inversée, ce corps a été modifié par les maitres généticiens archontiques. Le but était de le détourner de sa nature profonde pour n'exister qu'à travers la matière, animée et téléguidée par des champs électromagnétiques astralisés.

C'est alors que notre ADN (acide désoxyribonucléique), support organique de tous les codes divins, a été falsifié, nous amputant alors d'informations essentielles pour rayonner notre Lumière dans ce corps chimie. En complément de cela, toutes nos structures énergétiques ont été inversées y compris celles de nos organes, de nos systèmes endocrinien, nerveux...

Ainsi, nous avons renoncé, par ignorance de la Réalité, à exprimer notre nature profonde pour ne jouer qu'un rôle lors de chaque incarnation, nous donnant alors l'illusion d'exister.

Bien sûr, nous l'avons déjà évoqué, ce temps est révolu.

Le déversement sur terre de Lumière en provenance du Grand Soleil Central est tel que toutes ces distorsions disparaissent graduellement au profit d'une réinitialisation de toutes ces composants énergétiques, y compris celle de notre ADN quantique.

Mais au-delà de cette malversation planétaire, l'énergie de Vie, même détournée, a continué de se manifester à travers chaque avatar physique.

Aussi, ce corps organique doit être considéré de tout temps comme un instrument sacré au service de la Lumière. Il est l'heure présentement de le reconnaitre comme notre temple sacré.

Si actuellement certains humains le réalisent de plus en plus, se libérant progressivement des codes grégaires implantés au sein de la conscience collective, la plupart d'entre eux continuent néanmoins à s'identifier à leur corps de souffrance, c'est-à-dire à son personnage empêchant la Lumière de rayonner pleinement au cœur de la matière, au cœur de chaque cellule, au cœur de l'ADN. Ainsi, ils continuent malgré eux d'entretenir le plan archontique et d'être par-delà eux-mêmes à l'origine des déséquilibres, des dysfonctionnements tant physiques que psychiques de leur propre corps.

La clé d'une bonne organisation au sein de la matière se situe au niveau de notre ADN qui détient tous les codes pour synthétiser les protéines indispensables au bon fonctionnement de nos corps organique et psycho émotionnel.

Sur un plan quantique, l'ADN est une fréquence qui contient toutes les informations de notre multidimensionnalité jusqu'à celles de notre origine stellaire.

Bien que nous ayons été amputé de la plupart d'entre elles, nous avons conservé dans nos deux brins fonctionnels celles qui nous permettent d'harmoniser notre corps chimie avec notre environnement.

La qualité et l'intégrité de ces informations sont primordiales. Elles permettent de synthétiser, d'activer et de combiner avec exactitude les acides aminés nécessaires à la fabrication d'une protéine répondant à un besoins spécifique du corps.

Bien que ce processus appelé métabolisme cellulaire soit orchestré par le principe divin telle une mécanique de précision, il n'en reste pas moins qu'il peut être altéré jusqu'à entrainer alors des troubles fonctionnels, organiques voire psychiques.

L'origine de la perturbation provient soit d'un défaut de synthèse et/ou d'activation d'un ou plusieurs acides aminés (neuf d'entre eux ne peuvent pas être métabolisés par l'organisme humain, ils doivent être apportés par l'alimentation), soit d'une anomalie dans leur assemblage.

Leur synthèse au sein de la cellule suit le langage commun de tous les êtres vivants, c'est-à-dire que pour chaque acide aminé, il existe, au niveau de l'ADN, quelle que soit l'espèce, une seule information codée appelée codon, faite d'une chaine de trois nucléotides (les nucléotides ou bases sont les constituants de l'ADN, ils sont au nombre de quatre, Adénine, Cytosine, Guanine, et Thymine).

Par contre, les codes (séquence de plusieurs codons), connus sous le nom de gènes, qui ordonnent leur assemblage pour fabriquer les protéines sont spécifiques de chaque espèce, la rendant ainsi unique. Ces substances font de l'organisme ce qu'il est, elles régissent son fonctionnement dans sa globalité. Par ce fait, leur synthèse est indispensable pour lui assurer une homéostasie parfaite, condition essentielle pour que l'Être puisse pleinement investir son corps et œuvrer avec lui.

Dans certains cas, la qualité ou l'ordonnancement des nucléotides est perturbée, conduisant au déséquilibre du corps chimie.

Pourtant, dans l'absolu, les informations contenues dans les brins d'ADN sont protégées par la membrane cellulaire qui leur sert de rempart. En effet, cette dernière joue un rôle de filtre et ne laisse pénétrer à l'intérieur de la cellule même que ce dont celle-ci a besoin pour le bon déroulement de son métabolisme.

La membrane cellulaire est une enveloppe constituée d'une double couche de phospholipides. Sa qualité dépend essentiellement de notre alimentation et plus particulièrement des acides gras que nous consommons.

Du fait de récepteurs spécifiques situés sur sa couche externe, elle a une perméabilité sélective , laissant passer dans un sens les nutriments nécessaires à la synthèse des acides aminés et dans l'autre les déchets cellulaires. Par contre, elle est imperméable à toute substance toxique pour le bon fonctionnement de la cellule comme les médicaments, les drogues, les vaccins, les pesticides... et aux toxines du corps lui-même telles les émotions.

Mais les conditions de vie dans la matrice astrale, notamment la malbouffe et les radiations auxquelles nos organismes sont soumis en permanence, ont mis à mal l'intégrité de cette membrane, la rendant perméable à des champs électromagnétiques pouvant interférer avec le signal initial des codons ou des gènes.

Les champs les plus fréquents sont reliés aux émotions non exprimées, en réaction à des situations conflictuelles non résolues. On parle alors d'émotions cristallisées, engrammées, de mémoires émotionnelles. Certaines, dépendamment de leur intensité, peuvent aller jusqu'à modifier l'information en mutilant une séquence d'ADN de façon irréversible. Ce phénomène est entre autre à l'origine de toutes les maladies dites génétiques.

A un degré moindre, elles peuvent impacter l'organisme en perturbant son mécanisme de fonctionnement tant physique que psycho émotionnel provoquant alors un déséquilibre, un surstress intérieur. Si le corps n'a pas les capacités de se réharmoniser lui-même par le processus d'homéostasie (nous reviendrons un peu plus tard sur ce principe), l'organisme exprimera ce déséquilibre par des symptômes, par une maladie.

Mais les émotions ne sont pas à elles seules responsables de tous les désordres organiques, psycho cognitifs et émotionnels.

Quelle que soit le champ énergétique qui percute la vibration de l'ADN originel, l'information initiale est impactée. Les plus nocifs sont les ondes électromagnétiques qui servent à transporter des données dans l'espace type 4G, 5G, Wifi...

Le signal initial émis par l'ADN peut aussi être perturbé par un fragment d'ARN (acide ribonucléique) étranger qui pénètre dans la cellule.

Le rôle de l'ARN cytoplasmique (ARN messager) est de copier l'information de l'ADN nucléaire, de la véhiculer au sein de la cellule pour la transmettre aux ribosomes, organites cellulaires . Ceux-ci déchiffrent alors le code pour activer les acides aminés, les assembler et fabriquer les protéines.

En cas d'interférence avec un ARN étranger, l'information peut être falsifiée quel que soit le moment de son transfert. Les vaccins, notamment ceux de dernière génération, en sont l'exemple type. Dès lors que leur ARN pénètre la cellule, il intercepte le message initial , le falsifie modifiant ainsi le métabolisme cellulaire de l'organisme qu'il a pénétré.

Nous savons aujourd'hui que ce remodelage est irréversible car une fois l'information intégrée à l'ARN messager, le nouveau signal est transmis à l'ADN par l'enzyme transcriptase inverse, reprogrammant ainsi le génome.

A l'échelle planétaire et dans un esprit de symbiose, ce même processus existe à l'état naturel.

En effet, notre corps chimie, entité vivante et divine est en interaction permanente avec le monde extérieur, particulièrement avec les microorganismes dont le rôle est avant tout de nous permettre de nous adapter continuellement à un environnement en perpétuel changement.

Les virus, notamment, constitués de particules d'ADN ou d'ARN, sont des messages codés universels qui, selon certaines circonstances et conditions, pénètrent l' organisme pour l'amener à réajuster son métabolisme cellulaire et donc s'adapter à son milieu. Pour être plus juste, ce ne sont pas eux qui pénètrent leur hôte mais plutôt ce dernier qui les laisse rentrer si nécessaire.

Précisons d'ailleurs que l'essentiel du matériel génétique humain est viral (99% de ce qui constitue l'ADN est composé d'ADN de virus, de bactéries et de champignons).

L'intégration d'un virus par une cellule est donc un processus naturel, une thérapie génique spontanée dans le réseau symbiotique.

Par contre, la transmission d'informations peut induire chez l'hôte des mécanismes adaptatifs, très souvent des réactions de nettoyage qui s'exprimeront par des symptômes.

Plus l'organisme est déséquilibré, plus le terrain est perturbé, plus le passage du virus est visible avec de forts symptômes, jusqu'à entrainer dans certains cas la mort du corps physique.

Le virus nous renvoie alors à l'état de notre terrain et cette donnée explique pourquoi il peut y avoir des porteurs sains ou faiblement symptomatiques.

Allons-nous alors continuer de faire la guerre aux virus donc au Vivant en feignant d'ignorer les lois naturelles ?

Admettre l'utilité des virus bouleverse nos croyances et remet en cause le bien-fondé de la vaccination. Si ceux-ci aident l'organisme à se nettoyer, à se rééquilibrer, à s'adapter, cette pratique est-elle vraiment au service de notre santé comme la conscience de masse le croie et le revendique?

Les infections virales telles les maladies infantiles ne sont-elles pas des étapes initiatiques à notre adaptation sur Gaïa ? Ne participent-elles pas à la maturité de notre système immunitaire ?

Empêcher leur manifestation n'est-elle pas une entrave au bon fonctionnement de notre corps chimie et plus particulièrement à son autonomie ?

Toujours est-il que malgré tout ce qui a été mis en place par les forces involutives pour détourner l'Être humain de sa magnificence, le Divin n'a jamais cessé de prendre soin de son avatar physique pour en faire son temple sacré.

Sinon comment expliquer la mécanique ultra précise du corps chimie qui œuvre en toute autonomie et avec grande Sagesse ?

En effet, bien que mutilé depuis des éons, le corps humain a continué de faire preuve d'Intelligence. Et je ne parle pas ici d'intelligence régie par le mental reptilien mais bien d'Intelligence de l'Esprit. Le personnage, ici-bas, n'en a juste pas conscience.

Cette vertu se traduit dans la matière par le principe d'homéostasie.

En tant qu'Être énergétique vivant sur terre, nous sommes tel un circuit ouvert, en intercommunication permanente avec notre environnement extérieur. Nous entrons continuellement en résonnance avec des champs électromagnétiques de la matrice astrale, de façon consciente ou non. Certains d'entre eux sont plus agressifs que d'autres, à commencer par le champ de la matrice elle-même.

Notre structure énergétique, soutenue par la fréquence de l'ADN est garante du bon fonctionnement de notre corps chimie, elle est continuellement à son service. Dès lors qu'elle est percutée par une vibration extérieure telle qu'elle soit, son état initial en est modifié. Intégrez que tout existe à l'état d'énergie, ce que nous consommons, ce que nous entendons, ce que nous voyons, ce que nous respirons...

Dans certains cas, ce télescopage provoque un déséquilibre, impactant en premier lieu notre structure énergétique. C'est à ce stade là que le processus d'homéostasie intervient. Du moment qu'un désordre est mis en évidence sur un plan vibratoire, le principe Divin intervient et met tout en œuvre pour revenir à l'état d'équilibre.

Grâce à l'Intelligence de l'Esprit, le corps chimie émet des signaux plus ou moins intenses sous forme de symptômes physiques et/ou psychiques qui s'atténuent dès lors que cet état est rétabli.

Cette mécanique quantique, difficilement comprise et acceptable par notre mental est bel et bien ordonnancée par la Lumière.

Par contre, le principe d'homéostasie ne peut s'appliquer qu'à condition que l'organisme en question ne soit plus exposer au champ énergétique à l'origine du déséquilibre. Si celui-ci perdure, le désordre s'intensifie jusqu'à venir perturber les codes originels de l'ADN, désorganisant alors comme vu précédemment, le bon fonctionnement organique et/ou psychique. Les symptômes, signaux du déséquilibre, laissent place alors aux maladies... En cela, la maladie n'est que l'expression de la Vie qui ne demande qu'à se rétablir...

Ce phénomène est d'autant plus facilité si la membrane cellulaire dégénérée ne joue pas son rôle de filtre.

Le moment est venu, en tant qu'Être incarné, de prendre conscience de l'Intelligence de notre corps de chair, notre temple sacré, de le respecter, d'être à son écoute et d' en prendre soin.

Ce corps est notre meilleur allié, à nous de dialoguer avec lui et de décoder les messages qu'il nous envoie en permanence.

En tant qu'Esprit, nous devons l'honorer et le remercier d'être notre vaisseau le temps de notre voyage terrestre.

Nous serons alors légitimes pour initier nos enfants, dès leur arrivée sur Gaïa à relationner avec lui dans l'Amour et le respect.

Nous pourrons alors les accompagner à reconnaitre les champs électromagnétiques, issus de la matrice astrale, délétères pour le bon fonctionnement de leur véhicule terrestre et les guider à s'en détourner.

Mais au-delà de cette prise de conscience, il est temps de lever le voile et reconnaitre la véritable nature de notre vaisseau terrestre en l'invitant à réintégrer tout son potentiel divin par la réinitialisation des codes originels de l'ADN qui sont de fait ses fondations.

Si présentement la Lumière qui nous adombre œuvre en ce sens, il reste sur un plan énergétique des blocages qui ralentissent ce processus empêchant encore notre multidimensionnalité de se manifester pleinement dans la matière.

En effet, nous pouvons relever essentiellement trois verrous au niveau de la colonne vertébrale qui correspondent anatomiquement et respectivement à trois articulations, celles entre les deux premières vertèbres cervicales, des troisième et quatrième dorsales et de la cinquième lombaire et première sacrée.

Au niveau quantique, elles représentent des portails énergétiques par lesquels l'énergie divine pénètre la matière.

Depuis l'enfermement et jusqu'à ce jour, chaque colonne vertébrale humaine est programmée depuis sa conception lors de la période embryonnaire pour faire barrage à notre Divinité, notamment par la fermeture de ces trois portes.

C'est pourquoi au regard de ce constat, il est essentiel dès l'atterrissage sur terre de libérer chaque petit Être de cet implant afin que le voyage terrestre qu'il s'apprête à faire soit reconnu partie intégrante de son expérience systémique sur un plan universel.

Pour ce faire, les guides terrestres doivent œuvrer de concert avec l'Énergie Divine qui les anime, se laissant guider par ce qui est juste pour eux.

Pour ma part, je le fais en apposant mes mains sur chacune de ces trois articulations en me reliant à mon Êtreté et laisse la Lumière agir à travers moi jusqu' à ressentir l'énergie circuler dans ces trois espaces. La déprogrammation est immédiate et l'enfant retrouve la nature même de la connexion à son Êtreté de façon quasi instantanée.

Ce soin n'est pas réservé uniquement aux nouveau-nés, il peut être proposé à chaque personne qui souhaite s'impliquer activement dans son processus d'ascension afin de retrouver à travers son corps de chair l'Essence même de Qui Il Est. Accueillir son Êtreté dans son vaisseau physique est la seule voie pour rayonner sa Lumière sur terre.

Force est de constater qu' aujourd'hui encore, la plupart des humains qui se relient à leur part divine le font en sortant de leur corps physique lors de méditations, de prières, d'expériences de transe...entretenant ainsi le mythe de la séparation. En effet, dès lors qu'ils reviennent dans leur véhicule terrestre, ils se fondent de nouveau dans le personnage qu'ils ont créé depuis leur incarnation.

Ce mécanisme a été largement soutenu par les religions puis plus récemment par la (pseudo)spiritualité à travers le développement personnel dont le véritable but est d'empêcher l'Être humain de se Réaliser et de retrouver sa vraie nature.

LE LANGAGE DU CORPS

Reconnaitre son véhicule physique comme une expression du Divin permet un décodage constant de son état vibratoire.

Dès la naissance, le corps chimie se met au service de l'Esprit qui l'anime pour dialoguer avec l'entourage du nouveau-né dans le but de lui exprimer les premières distorsions énergétiques déjà installées sous formes de signaux.

Ceux-ci peuvent se décliner autant dans le corps physique qu'émotionnel.

Certains de ces signes sont collectifs car ils traduisent des déséquilibres engendrés par le champ électromagnétique même de la matrice astrale. Ils concernent encore la plupart des petits Êtres qui arrivent sur terre. Bien que venant de mondes libres, ils plongent malgré eux dans ce marasme du fait de guides terrestres encore enfermés et hypnotisés par la conscience collective.

Abordons ce chapitre par l'expression d'un symptôme physique tel que l'ictère physiologique communément appelé jaunisse qu'on peut observer chez les nouveau-nés les jours suivants leur atterrissage.

Il se manifeste par une coloration jaune de la peau et des muqueuses dûe à un taux élevé de bilirubine dans le sang, produit de dégradation des globules rouges (hématies).

L'explication retenue par la médecine conventionnelle est celle de l'immaturité du foie, l'organe attribué, entre autres, à transformer cette substance pour qu'elle soit ensuite éliminée par les reins.

Pouvons-nous prendre le problème à la source et oser émettre l'hypothèse que le taux important de bilirubine est lié à une dégradation excessive des globules rouges ? Il est alors légitime de se demander qu'elle en est la cause ?

Nous avons abordé dans un chapitre précédent le fait qu'en atterrissant sur la planète Terre, nous ne déployons qu'une infime partie de nos capacités respiratoires pour n'être qu'en état de survie le temps de notre voyage terrestre. De ce fait, nos apports en oxygène sont insuffisants pour le fonctionnement optimal de notre corps chimie, entre autres pour transporter le capital intégral des globules rouges néonataux dans tout l'organisme. Il est logique alors d'admettre que les hématies qui n'ont pas pu se lier aux molécules d'oxygène n'ont pas d'autre alternative que de se dégrader...

Le monde médical avance que c'est un phénomène physiologique car l'ictère est commun et s'estompe au bout de quelques jours seulement. La régulation ne vient-elle pas du fait que le corps chimie s'adapte déjà aux conditions des forces involutives , c'est-à-dire à fonctionner à minima, bien en deçà de son plein potentiel ?...

Inviter le nouveau-né à se relier à la matrice christique à son arrivée sur terre et donc se connecter à l'Énergie de Vie et s'en imprégner ne serait-elle pas la solution à lui garantir une organisation optimale de sa physiologie et donc à la non-manifestation de ce symptôme ?

Pour faire suite, nous pouvons évoquer un autre signal qui prévient du dysfonctionnement respiratoire impactant tous les nouveau-nés propulsés dans ce monde astralisé, le hoquet. Ce symptôme est en fait révélateur de spasmes au niveau du diaphragme qui a été programmé, rappelons-le, pour freiner le plein déploiement des alvéoles pulmonaires et donc la reconnexion à l' Êtreté.

En fait, les spasmes témoignent de la présence de l'Énergie Divine qui s'immisce, malgré la programmation archontique, à travers ce grand muscle pour tenter de le libérer et lui permettre de retrouver son plein potentiel de fonctionnement selon le principe d'homéostasie.

Malheureusement, ce signe est encore analysé de nos jours à partir de critères appartenant à la conscience de masse, n'empêchant, certes, pas la Lumière d'œuvrer mais lui faisant tout de même obstacle.

Dans ce chapitre, nous ne pouvons pas faire l'impasse sur le reflux gastrocœsophagien, le fameux RGO que nombre de nourrissons présentent.

Je ne veux pas m'attarder sur les causes avancées par la sphère bien-pensante formatée et les traitements agressifs mis sur le marché pour taire ce signal...

Certes, je ne remets pas en cause le fait de soulager le nourrisson des gênes voire des douleurs causées par ce symptôme. Mon intention est juste de souligner que ces substances pharmacologiques, en plus d'intoxiquer le petit corps sain fraichement sorti de la matrice utérine, ne font que masquer et dévier la problématique initiale.

A partir de mon expérience d'accompagnante en périnatalité, j'ai pu observer que tous les enfants manifestant un RGO avaient un point commun, ils étaient tous porteurs d'un stress parental, certains même depuis la vie intra utérine.

Le champ électromagnétique que génère ce stress est très agressif pour le corps chimie jusqu'à dans certains cas être à l'origine d'une dégénérescence tissulaire par phénomène d'oxydation .

Présentement, de plus en plus de nouveau-nés arrivent sur terre avec un RGO reflétant alors l'état environnemental dans lequel il baigné durant neuf mois.

Aucune mère n'a ni à se juger et ni à se culpabiliser si elle se reconnait à travers ces propos mais il est essentiel aujourd'hui de comprendre le mécanisme qui se met en place in utéro dès lors que la future maman se relie régulièrement sous le joug de son subconscient à l'égrégore de la peur. Son propre organisme va alors s'oxyder, s'acidifier jusqu'à modifier, dans des situations de stress intense, le pH du liquide amniotique. Ce dernier, acidifié, aura un fort risque d'altérer voire bruler les muqueuses digestives fœtales, notamment gastro-œsophagiennes du fait de son absorption permanente.

Chez la mère allaitante et nourrie de peurs , on retrouve le même processus biochimique d'oxydation qui peut rendre le lait maternel acide au point d'être corrosif pour les cellules épithéliales du tissu digestif. Cela reste la seule situation où l'on peut discuter de la qualité du lait maternel. A savoir tout de même qu'elle est réversible du moment où la mère se libère de son état émotionnel.

Mais l'apparition du symptôme après la naissance reste lié le plus fréquemment au champ électromagnétique de l'environnement familial, lequel est alimenté principalement par l'égrégore de la peur. En effet, cette période est propice à l'émergence de mémoires émotionnelles chez les deux parents, revisitant inconsciemment leur vécu lors de leur propre naissance.

Le nouveau-né se laisse happer lui-même par ce champ vibratoire entrainant alors des réactions biochimiques dans son corps semblables à celles décrites précédemment chez la mère.

L'expression de ce phénomène réactionnel se manifeste préférentiellement sur un plan digestif.

La clé essentielle est alors d' accompagner la future mère, les parents à s'extraire des forces astralisées pour se reconnecter à l'Amour, bien différent du sentiment d'amour qu'ils expriment ici-bas à travers leur personnage.

Leur permettre d'accéder à une libération quantique de leurs mémoires émotionnelles facilitera l'émergence de cet état de Grâce, état requis pour chaque arrivée sur terre en pleine Conscience.

Si l'expression de signaux physiques traduit un déséquilibre de la structure énergétique se répercutant dans le corps chimie, il n'en reste pas moins qu'un désordre impactant le corps psychique va aussi se manifester suivant le chemin de l'émotion et/ou du comportement.

En effet, un nouveau-né, happé par la matrice astrale qui le déconnecte de son Êtreté, va dans les premiers moments de son incarnation montrer à son entourage son état de souffrance. A ce stade, les pleurs sont sa seule voie de communication, il pourra exprimer tantôt la colère, tantôt la tristesse d'être séparé de son Essence Divine. La plupart du temps, ces signaux sont ignorés ou mal interprétés, le comportement inadapté des guides terrestres ne fait alors que renforcer l'état émotionnel initial du bébé le laissant seul aux prises de ces forces archontiques. Ne se sentant ni entendu ni compris, le petit Être n'a pas d'autre alternative que se résigner et d'investir, à l'image de ses parents, le rôle que la matrice involutive lui propose de jouer...La colère et la tristesse sont alors contenues jusqu'au moment où il se retrouve face à une situation qui les réactive, toujours dans l'unique but de les transmuter en énergie d'Amour. Tant que le processus alchimique ne se fait pas, il sera amené à vivre sans cesse des faces à faces qui l'inviteront chaque fois à l'initier.

Sans libération de sa conscience de l'enfermement séculaire et donc de reconnexion avec son Esprit, sa vie de survivant sera ainsi rythmée comme tant d'humains avant lui...dans l'ignorance et l'innocence...

La peur, nous l'avons déjà évoquée à maintes reprises lors de cet ouvrage, est la composante essentielle de notre corps de souffrance.

Beaucoup de petits humains la manifesteront dès leur atterrissage dans la matrice pervertie sous différentes formes. Nous avons discuté plus haut de son expression physique mais elle peut se traduire à partir de comportements inadaptés que l'entourage doit décoder.

Celui le plus impacté au début de vie est relatif au sommeil, de l'insomnie aux réveils fréquents en passant par des problèmes d'endormissement...

En effet, dormir nécessite à l'humain de lâcher prise, d'être dans l'abandon confiance. Dès sa naissance, le personnage qu'endosse le nouveau-né, imprégné de l'énergie de la peur, active un programme mental contrôlant chaque instant de sa vie, résistant ainsi à la physiologie de son corps chimie dans les temps propices au sommeil régénérateur. L'enfant insécure, entre très tôt dans une lutte permanente contre lui-même. Certes, les parents trouvent des solutions pour y faire face mais la plupart du temps, ces alternatives masquent, au fil du temps, le problème de fond et ne font que renforcer la dépendance du nourrisson à une pseudo sécurité extérieure, l'empêchant alors de se libérer de sa peur par transmutation.

Dans certains cas, le comportement du nouveau-né nous informe qu'il n'a pas encore atterri quand bien même la naissance a eu lieu, le champ vibratoire de son avatar physique ne s'étant pas encore harmonisé avec celui de la Terre. On retrouve régulièrement cette situation quand le processus du Pas-Sage ne s'est pas fait comme lors de naissances par césarienne ou s'est fait sans respect des différentes étapes tel les accouchements par extraction instrumentale.

Le nouveau-né est alors peu réactif, hypotonique dans un état de somnolence permanente, parfois même dans le refus de s'alimenter jusqu'à réaliser qu'il est bien arrivé sur terre. Cet état peut durer un certain temps, de quelques jours à quelques semaines. Mais en se reliant à lui d'Esprit à Esprit, nous pouvons en tant que guides terrestres l'informer dès sa naissance de ce qu'il vient de se jouer pour lui et l'inviter à se connecter au champ énergétique de Gaïa.

Dès lors, dans la plupart des situations, l'enfant change instantanément de comportement et s'ouvre à la Vie, comme par magie...

Quant aux troubles alimentaires, pour clore ce chapitre, outre leur expression dans la problématique ci-dessus, ils reflètent le plus fréquemment le fait que le nouveau-né ou nourrisson ne s'est pas pleinement ouvert au champ vibratoire de la Terre Mère, ne s'y est pas totalement abandonné (cf. chapitre « *La nourriture sacrée* »). Nous pouvons d'ailleurs retrouver ces troubles chez l'humain durant toute sa vie incarnée, plus ou moins prononcés en fonction de certaines périodes de son existence.

Cette non-syntonisation au noyau cristallin de la Terre trouve son origine dans un lien déséquilibré à la mère biologique au niveau énergétique.

Inviter l'enfant à se reconnecter à sa nature divine et donc à l'Amour et l'accompagner à se libérer des implants qui l'emprisonnent dans la relation à sa mère lui permet de s'harmoniser à Gaïa pour rayonner dans la densité et surtout jouir de ses joyaux.

Tous les signaux physiques, émotionnels et comportementaux décrits ci-dessus ne représentent pas l'exhaustivité des désordres énergétiques engendrés par le champ électromagnétique de la matrice astrale mais ils en sont tout de même une bonne représentation.

Les décoder est une première étape dans l'accompagnement en conscience d'un petit Être qui s'incarne. Se sentant entendu et compris, il pourra dès lors ajuster sa propre vibration pour déjouer ces lignes prédatrices.

Mais aujourd'hui il est de notre responsabilité, en tant que représentant de la Source de créer l'environnement le plus adapté à leur véhicule terrestre afin que celui-ci puisse œuvrer dans une vibration luminique.

Honorer, respecter et gratifier son enveloppe corporelle tel un temple sacré est essentiel pour vivre une expérience divine au sein de ce monde.

DÉLESTER SON CORPS DE SOUFFRANCE

Chaque expérience terrestre suit un plan de Vie élaboré par l'Esprit avant son incorporation sur Gaïa. Le but ultime de chaque incarnation est d'éclairer de Lumière toutes les ombres d'un monde perverti afin de les transmuter en Amour, réconciliant ainsi la Terre et tout le Vivant avec leur Essence Divine.

Nos ombres font partie intégrante de notre humanité au sein de la matrice astrale. Elles se situent dans notre inconscient et notre personnage les reflète essentiellement à travers nos pensées, nos attitudes, nos comportements, nos modes de fonctionnement.

Par effet miroir, elles sont ainsi projetées sur les autres, notamment sur nos enfants dont un des rôles est de mettre en lumière de conscience nos désordres, de nature énergétique. La plupart du temps, ils les manifestent à travers des problématiques, notamment comportementales.

Cette voie permet à chaque parent de se libérer petit à petit de son corps de souffrance et d'aller à la découverte de Qui Il Est réellement, de sa Sagesse Divine, de sa Lumière intérieure et d'ainsi accompagner sa progéniture à vivre son expérience terrestre au niveau quantique.

Mais aujourd'hui encore, trop peu de parents ont accès à ces informations et avec le soutien de thérapeutes peu avertis continuent de nier l'évidence en cherchant à éradiquer la problématique de l'enfant avec pléthore d'outils, ce qui reste illusoire dans l'absolu...

La solution réside dans un premier temps à amener le parent à observer le mécanisme de l'effet miroir puis à l'accompagner à plonger dans ses propres failles pour les reconnaitre et les accepter. Ainsi pourra commencer le processus de libération qui l'amènera à retrouver sa juste place de guide terrestre auprès de son enfant.

Nos ombres, nos failles n'ont n'existence que dans notre corps de souffrance qui lui-même n'a de réalité que dans la matrice astrale. Ce corps est relié à l'Égo, au personnage, sous le joug du subconscient qui le maintient dans un état permanent d'asservissement aux forces involutives.

Dès lors que l'être humain a été capturé et remanié énergétiquement par les Archontes, son rapport à la vie terrestre a changé. Se croyant séparé de son Esprit Divin, il n'a eu de cesse, vie après vie, de rechercher l'énergie d'Amour, sa vraie nature, dans chaque expérience, chaque interaction pour pouvoir supporter les conditions de vie imposées. Malheureusement, cette quête extérieure n'a jamais porté ses fruits, quand bien même l'homme a cru y parvenir quelques fois. Ca n'a été qu'illusion...le ramenant toujours à un état d'insécurité grandissant au fil du temps.

Dissocié de son Êtreté, l'être incarné a alors créé, dès sa première incarnation dans ce monde désunifié, une identité pour survivre à cet état, le séparant « *à tout jamais* » de son Essence. Cette identité vibratoire a servi de socle à l' Égo, au corps de souffrance qui s'est nourri graduellement des états émotionnels conséquents aux blessures permanentes infligées par le contexte, chaque impact s'inscrivant électromagnétiquement, chimiquement et psychiquement de manière indélébile au cœur de l'humain, au niveau même de son Âme.

N'en déplaise à quelques-uns, l'Âme humaine n'est qu'une création archontique, au service de la matrice astrale pour maintenir l'être incarné dans l'enfermement et entretenir son corps de souffrance. Elle en est le disque dur.

Présentement, l'un des principaux pièges soutenu par le mouvement spirituel tel le développement personnel est de faire croire que nous rapprocher de notre Âme nous conduit à notre Essence Divine... Au contraire, elle nous en éloigne, nous accrochant à nos ombres par le biais du subconscient.

L' Âme humaine est le support énergétique qui permet de véhiculer chaque impact, cité plus haut, à travers chaque ligne de temps, définissant ainsi la notion de karma.

En effet, lors de chaque désincarnation dans la roue karmique imposée par la matrice, elle est projetée électromagnétiquement au sein du vaisseau de fer en vue du jugement dernier avant d'être rebalancée sur terre après avoir été reformatée en fonction des ombres, des failles de sa précédente incarnation. Se rajoute, à chaque entrée dans la matière, l'héritage transgénérationnel qui n'est autre qu'un mégaprogramme compactant la vibration de chaque corps de souffrance des ancêtres sur sept générations.

C'est ainsi que de vie en vie, l'humain construit et nourrit de façon linéaire sa propre identité vibratoire, reflet de son Ego, pour n'exister qu'à travers elle, se détournant ainsi de sa Vibration Originelle.

Mais bonne nouvelle, le temps des réincarnations est révolu avec la disparition du vaisseau archontique en 2009 qui a mis fin au cycle karmique. Depuis, chaque être humain, à l'instant de sa mort physique, est aujourd'hui conduit dans d'autres mondes, d'autres dimensions pour ascensionner et retrouver la connexion directe à son Esprit. Ce processus passe par un reset animique, l'affranchissant de son corps souffrance.

La libération se fait graduellement, selon le rythme de chacun dépendamment de son niveau de conscience au moment de sa dernière désincarnation. L' Âme, ramenée alors à l'état de neutralité peut s'intégrer au corps d'Êtreté pour fusionner avec l'Esprit.

Rappelons que tous les Êtres venus sur terre depuis lors ne portent pas le poids de ces mémoires karmiques car ils viennent directement de mondes libres, ils n'ont donc pas été pris au piège de l' Âme. Mais malgré tout, la plupart expérimentent leur vie terrestre, comme leurs ancêtres, en construisant un personnage qui continue de porter toutes les souffrances de ses ancêtres sacrifiés et celles de l'inconscient collectif. A nous de leur montrer la voie pour s'en libérer...

En effet, chaque terrien incarné a maintenant le privilège de vivre ce même processus de déprogrammation sans attendre sa mort physique pour se libérer de son corps de souffrance et retrouver l'Essence même de Qui Il Est. La seule condition réside à accueillir la Lumière qui œuvre en ce sens sans la freiner... Ainsi dans sa juste posture, il peut accompagner les petits Êtres qui atterrissent à délester au plus vite toutes les ombres qui nuisent déjà à leur accomplissement dans la matière.

Comprendre la mécanique qui incite l'humain à n'exister qu'à travers son corps de souffrance est essentiel pour s'en détacher et retrouver sa souveraineté, notamment sur un plan psychique.

Programmé à croire qu'il était séparé de sa partie divine, l'homme a manifesté, dans le soubassement de sa structure énergétique, un désordre qu'il a traduit par un état de manque. Amputé de son origine multidimensionnelle, il se croit abandonné jusqu'à l'inscrire dans sa psyché, nouvellement constituée.

D'ailleurs, nous l'avons déjà évoqué lors de précédents chapitres, cette blessure originelle se réactive lors de chaque atterrissage sur Gaïa.

Pour y faire face et la dépasser, dans une stratégie de survie, l'être humain, modifié génétiquement, va réagir par phénomènes électromagnétiques et biochimiques qu'on appelle émotions pour tenter de pallier sa nouvelle condition.

Dans un premier temps, l'émotion prend la forme d'une force résultante pour compenser le déséquilibre énergétique engendré par le champ vibratoire imposé puis génère ensuite une réponse biochimique, spécifique du corps carboné. Son expression dans la matière tels les pleurs, les tremblements, les spasmes, les cris scelle le retour à l'équilibre.

Ce processus bien rôdé et contrôlé par les archontes peut donner l'illusion au personnage ici-bas d'avoir le pouvoir de contrer toute perturbation énergétique mais la réalité est plus complexe.

D'une part, l'humain est formaté depuis tout petit pour ne pas exprimer ses émotions. Dès sa période néonatale, il va être éduqué à se taire. En effet, dès lors que le nourrisson manifeste la moindre émotion, les parents cherchent un moyen quel qu'il soit pour en empêcher sa libération croyant ainsi bien faire. L'enfant apprend alors très tôt à la contenir...Elle reste cristalliser dans son corps chimie à l'état énergétique constituant petit à petit son corps de souffrance.

Chaque réaction émotionnelle non exprimée est stockée, mémorisée dans le cerveau reptilien et sert de réservoir au subconscient dont le rôle est d' entretenir ce corps de souffrance.

D'autre part, il est important de souligner que le phénomène réactionnel qui se met en place du moment que la structure énergétique de l'homme, quelle qu'en soit la nature, est impactée, n'est possible que dans un corps carboné, programmé génétiquement par les forces involutives. En effet, seul cet état permet de déclencher la réaction biochimique qui s'exprime par un champ électromagnétique dont la fréquence reflète la nature même de l'émotion.

Chaque émotion libérée alors sous forme d'énergie alimente la matrice astrale en s'organisant, selon son type, en un méga champ vibratoire.

Ces égrégores servent alors de support au subconscient, programmé pour altérer la conscience humaine.

En effet, en se connectant au cerveau reptilien de l'être humain où sont stockées toutes ses mémoires émotionnelles y compris celles de ses vies passées et à son sang où circulent ses engrammes transgénérationnels, il décode par algorithmes ses failles, ses faiblesses. Il le relie alors aux égrégores correspondants pour nourrir émotionnellement son corps de souffrance et conditionner ses comportements.

Il est temps aujourd'hui de réagir à ce programme pervers et d'en sortir en se comportant comme des Êtres de Lumière.

Prendre conscience que nos émotions sensées nous ramener à l'état d'équilibre n'ont en fait d'existence que pour nourrir les archontes et nos corps de souffrance est urgent pour retrouver notre liberté d'Être et permettre aux petits Êtres qui arrivent de ne pas prendre part à cette grande mascarade.

C'est par cette voie que cette grande banque de données n'aura plus de réalité, les émotions n'ayant de consistance que dans ce monde astralisé.

La vie sur terre nous ramènera alors , comme avant l'enfermement, à des états d'Être comme la Joie, la Sérénité, la Paix, la Sagesse...

Délester son corps de souffrance pour retrouver son corps de Lumière a été le but de chaque Esprit lors de ses multiples incarnations au sein de la matrice. Pour chaque voyage terrestre, il établit un plan de Vie en fonction des mémoires portées par l' Âme, spécifiques à chaque incarnation.

Chaque scénario, faisant de chaque Vie sur Gaïa une expérience unique n'a eu pour ultime objectif dans l'enfermement que de transmuter les ombres en Lumière à travers des faces à faces programmés.

Bien que le subconscient n'a pas accès à notre feuille de route érigée par notre Essence Divine, il est malheureusement en mesure de l'influencer en s'appuyant sur nos failles.

Aussi, les expériences vécues programmées pour nous libérer de nos réactions égotiques ne sont pas appréhendées avec conscience et responsabilité. Elles nous ramènent sans cesse à l'état de victime donnant encore plus de présence et d'importance à notre corps de souffrance.

En effet, la perversité réside dans le fait que les faces à face censés nous permettre de nous alléger graduellement des mémoires émotionnelles qui ont échafaudé notre corps de souffrance vont au contraire leur donner encore plus de consistance renforçant ainsi nos comportements égotiques.

C'est ainsi que d'incarnation en incarnation dans la matrice astrale, le corps de souffrance s'est étoffé jusqu'à s'imposer comme l'entité principale de la vie sur terre au détriment de l' Esprit.

Aujourd'hui, les rayons luminiques qui proviennent directement d'Alcyone nous inondent avec une telle intensité qu'ils éclairent en chacun de nous avec insistance, que nous en ayons conscience ou pas, la matière première de ce corps que sont nos failles, nos mémoires, nos engrammes...De telle sorte que nous ne pouvons plus vivre ces faces à faces sans réaliser que leur raison d'être n'a qu'un seul but, celui de délester nos ombres.

Pour ceux qui ne sont pas encore prêts à les reconnaitre et à donc à commencer leur introjection, elles continuent d'être projetées de plus en plus pressément dans leurs troubles psychosomatiques, leurs obsessions, leurs modes de fonctionnement, mais surtout dans leur entourage et plus particulièrement chez leurs enfants.

Continuer de vibrer au diapason de ce corps de souffrance nous éloigne de plus en plus de notre Réalité quelles que soient les circonstances.

Du moment que le parent est désaccordé à l'Essence Originelle, la relation à son enfant est dénaturée de telle sorte qu'elle va conditionner son accompagnement uniquement basé sur les codes matriciels.

Dès son atterrissage, le nouveau-né, par effet miroir, n'a de cesse de lui montrer à travers ses comportements reflétant ainsi la posture parentale non ajustée

A partir de mon expérience de thérapeute, je peux vous assurer que tant que le parent n'en prend pas conscience et ne plonge pas dans son intériorité à la rencontre de ses ombres, la problématique infantile persiste.

En fait, le lien instauré entre deux personnes n'est qu'une vibration qui est la résultante des champs électromagnétiques émis par chacune d'elles.

Depuis l'enfermement, les humains programmés à vivre dans la dualité instaurent entre eux des liens pervers, des liens de pouvoir, où règne une certaine hiérarchie. La plupart des relations sont fondées selon ce principe, celle entre un parent et son enfant en est le schéma type.

De façon inconsciente, le parent, qui initie ce lien, impose la nature de sa relation à sa progéniture selon son propre prisme. Celui-ci, souvent déjà apeurée par son processus d'incarnation, répond vibratoirement aux attentes parentales pansant ainsi sa blessure originelle de séparation.

Aussi, malgré lui, le parent domine et manipule son enfant le maintenant dans une certaine dépendance affective.

Ce dernier ira jusqu'à ignorer ses propres besoins, alimentant alors son propre corps de souffrance. Ce déséquilibre se manifestera avant tout dans son comportement.

On comprend bien que tant que le parent ne s'est pas libéré des mémoires, des implants qui l'ont conditionné jusqu'alors, il ne peut retrouver sa juste posture d'accompagnant. L'enfant, quant à lui, conditionné, continuera de répondre vibratoirement au champ énergétique parental falsifié au détriment de sa liberté d'Être.

Sortir de ce schéma est essentiel. Les parents doivent être initié à se relier à leur enfant dès leur conception sur un plan multidimensionnel, au-delà des personnages qu'ils représentent l'un et l'autre. La seule communication qui permet au petit humain d'avoir une relation d'Amour avec ses guides terrestre est celle instaurée d'Être à Être, dans l'Unité où chacun est à sa juste place.

En effet, de l'instant où le rôle parental est tenu par le personnage, le lien d'Amour est illusoire, il n'est qu'un lien d'attachement, de dépendance qui empêche l'Être incarné de rayonner sur terre.

Ce que nous avons pris pour de l'amour parental depuis des éons n'est qu'une énergie castratrice, incestuelle.

La juste posture requiert alors une libération de toutes ses mémoires émotionnelles à l'origine de cet attachement, de toute programmation archontique.

Ne cherchez aucune technique extérieure pour vous en détacher, seul le Pardon Quantique y parviendra. Ce procédé intérieur, transmis il y a très longtemps par des initiés tel le chinois Lao Tseu, suit la voie du cœur et n'a rien à voir avec le fait de pardonner à l'autre de façon égotique pour les éventuelles blessures qu'il a infligées à notre corps de souffrance.

Pardonner, c'est sortir de l'illusion de ses souffrances, c'est la Guérison Intérieure.

Pardonner est l'aboutissement d'un processus alchimique qui consiste à reconnaitre et accepter toutes ses errances au sein de la matrice astrale à travers toutes les lignes de temps et de les transmuter en énergie d'Amour. Le but du Pardon Quantique est de dissoudre toutes les mémoires, toutes les ombres qui ont servi de socle à l'Égo pour se reconnecter graduellement à son corps d'Êtreté.

Il est à mettre en œuvre lors de chaque face à face qui n'a pas d'autre objectif que de mettre en lumière de conscience la mémoire à transmuter. Ceux vécus, entre autres, avec nos enfants n'ont d'existence que pour nous y conduire.

Pour accélérer le délestage de notre corps de souffrance et les retrouvailles avec notre Essence Divine, nous pouvons aussi l'appliquer quotidiennement dans un silence intérieur, juste en laissant la Lumière œuvrer à travers nous. Son Intelligence la conduit, là où il est juste en l'instant pour décristalliser la mémoire, l'engramme qui se présente. Chacun de nous perçoit cette libération de façon singulière, certains ont accès à des réminiscences sous la forme de rêves conscients, d'autres ressentent la Lumière pénétrer le champ énergétique de leur corps de souffrance les ramenant graduellement à la vibration de leur corps d'Êtreté. Les plus réfractaires peuvent manifester des maux physiques qui ne font qu'annoncer la déprogrammation mémorielle.

Chaque ressenti est unique.

Présentement, c'est le chemin qu'il est juste de suivre pour chaque guide terrestre afin de retrouver ce lien d'Amour indicible entre un parent et son enfant rendant à ce dernier la Liberté d'Être lors de son voyage terrestre.

LA DÉPROGRAMMATION 1
LA CELLULE FAMILIALE

Le but premier des forces involutives est de nous détourner de Qui Nous Sommes dès notre entrée dans la matière qui, sous l'effet de distorsions, déforme notre plan de Vie.

Si jusqu'à sa naissance, le petit Être a le privilège d'être accompagné en conscience par des guides terrestres réveillés, il n'en reste pas moins que, dès lors qu'il grandit dans cette matrice, il s' éloigne petit à petit de son origine divine pour n'exister qu'en tant que simple humain dépendant de systèmes pernicieux à commencer par celui qui régente la famille. Si celui-ci, et non des moindres, est le premier à l' assujettir, il est soutenu par d'autres tels l'éducation, la médecine, la religion, la politique et autres...organisés de telle sorte à l' asservir et à l' empêcher d'accéder à sa souveraineté.

Il devient alors urgent de dénoncer et de démanteler le piège, dans lequel chaque Être qui s'incarne, s'engouffre dès l'instant où il se syntonise au champ électromagnétique archontique.

Chacun de nous doit réaliser présentement que ces systèmes sont pervers, obsolètes et qu'ils ne répondent nullement aux besoins fondamentaux de l'être humain. Ils n'ont d'utilité que pour le desservir et l'enfermer dans des dogmes, des fausses croyances supportés par les annales akashiques et véhiculés par l'inconscient collectif.

Pour l'Être qui arrive sur terre, la cellule familiale est censée être le repère, la boussole qui permet de connaitre les codes nécessaires pour mener à bien sa mission qui, je le rappelle, est de rayonner sa Lumière dans ce plan tridimensionnel désunifié.

Aussi, doit-il être libre d'œuvrer selon son plan de Vie dès son atterrissage sur Gaïa, soutenu par ses parents qui lui serviront de guides les premières années et ce, dans une énergie d'Amour.

C'est ainsi que du moment où un être humain investit le rôle parental, il s'engage à soutenir son enfant dans la voie qui est la sienne en toute neutralité pour ne pas interférer avec le scénario choisi que celui-ci, en tant qu'Esprit, a choisi.

Malheureusement, dès lors que nous avons été pris en otage par les archontes, l'organisation familiale a été déstructurée sur un plan énergétique de telle manière qu'elle a été inversée (comme tant d'autres choses...).

Depuis, nous sommes tous programmés pour soutenir voire sauver nos parents en remerciement de nous « *avoir donné la vie* »... Cet implant inséré dans l'inconscient collectif sous-tend la réalité de chacun dans la matrice. Il intègre aussi la notion d'appartenance donc de dépendance faisant de chacun de nous un enfant sacrifié.

L'heure est venue de se libérer de cette programmation afin de permettre aux Esprits qui arrivent sur terre en ces temps de jouir pleinement de leur liberté d'Être.

Encore une fois, il n'existe aucune technique pour cela, juste conscientiser ce qui a été et laisser la Lumière nous pénétrer et agir, le reset énergétique se fait instantanément.

Du moment qu'une génération se libère de l'information erronée, celle-ci n'est plus transmises aux suivantes.

Mais, à ce jour, devant l'état de la conscience collective, Il est souhaitable d'inviter chaque fœtus avant son arrivée à s'affranchir de cet implant tant est qu'il l'ait déjà capté dans la matrice utérine.

Bien sûr, ce mode de fonctionnement n'a pu exister qu'à travers notre corps de souffrance qui en a été le porte étendard.

Nous l'avons déjà évoqué à plusieurs reprises et il est temps de le mettre en exergue mais l'amour, qu'en tant que parent, nous croyons porter à nos enfants n'est pas l'Amour inconditionnel.

Pour cela, il est utile de comprendre que ce sont deux énergies qui n'ont pas la même origine.

La première, issue de l'astral, n'est autre qu'un sentiment qui émane de notre personnage et dont la fréquence vibratoire peut varier d'une situation à l'autre.

La seconde est, en fait, l'énergie de Vie en provenance de l'Absolu, du point Zéro que seul notre Esprit peut véhiculer.

Pour continuer à rayonner pleinement dans la matière et jouir de nos attributs divins, notre Esprit incarné aspire à entrer en contact avec cette énergie d'Amour à travers nos parents qui, sur un plan quantique, sont supposés la représenter sur terre.

Hélas, peu d'entre eux se sont déjà retrouvés en tant qu'Être de Lumière et la plupart persistent à survivre avec leur corps de souffrance.

Séparé le plus souvent à notre naissance de notre Essence Divine, c'est tout naturellement que nous recherchons sa contrepartie chez nos parents afin de panser notre blessure originelle, reproduisant juste le schéma qu'eux -mêmes ont suivi à leur arrivée sur terre avec leurs propres parents.

La plupart d'entre nous vont bel et bien rencontrer une fréquence qui va apaiser leurs souffrances, les rendre supportables mais qui n'ira pas au-delà, c'est-à-dire les réconcilier avec ce Qui Ils Sont réellement, c'est-à-dire pur Amour.

Une fois de plus, la matrice a tout mis en œuvre pour que ce processus énergétique soit falsifié et suive le chemin inverse.

La fréquence de l'amour matriciel se définit à partir des propres failles du parent, la rendant ainsi unique à chacun, à la différence de l'énergie d'Amour dont la vibration est constante. C'est ce qui explique que chaque enfant est aimé différemment, même au sein d'une fratrie. En effet, chacun d'eux peut réveiller chez son parent des mémoires spécifiques en fonction de son rang, son sexe...et donc conditionner le lien.

Égoïstement (et inconsciemment), en instaurant ce lien d'amour à son enfant , chaque parent nourrit, répare son propre enfant intérieur lui apportant (plutôt croyant lui apporter) tout ce qui lui a manqué dans les premières années de sa vie sur Gaïa.

En donnant de l'amour à son enfant, il tente de combler ses propres failles au détriment des besoins spécifiques du petit Être qui ne se sentira pas reconnu.

La non-reconnaissance que chacun ressent au plus profond de lui en tant que simple humain dans son quotidien n'est autre que le reflet de ne pas avoir été reconnu comme un Être Divin à son atterrissage par ses guides terrestres.

Dès lors que l'enfant se syntonise avec la matrice involutive et donc son corps de souffrance, il n'a de cesse de chercher à se faire reconnaitre pour survivre dans cette expérience terrestre...C'est pourquoi il répond à toutes les injonctions parentales, même parfois aux plus abjectes...définissant ainsi la nature de leur relation qui, dans le meilleur des cas, est incestuelle...

Ce processus, bien inscrit dans la psyché de l'enfant n'a pour objectif que d'étayer sa posture de sauveur, scellant ainsi son lien d'attachement, d'appartenance à ses parents, ses grands-parents, plus généralement à tous ses ancêtres conditionnant ainsi nombre de ses modes de fonctionnement.

Cette dépendance n'a d'autre but que de l'empêcher de retrouver sa liberté d'Être et sa Souveraineté.

Selon la vision du Grand Aigle, la famille est une véritable prison pour tout Être qui s'incarne au sein de cette matrice évolutive.

Le réveil est urgent afin de retrouver la nature originelle de la cellule familiale qui n'est autre que l'énergie d'Amour, l'Androgynie Primordiale, le Masculin et le Féminin sacrés réunis.

A nous guides terrestres incarnés de nous libérer de ces chaines qui nous maintiennent dans ce conditionnement, par Amour pour tous ces Esprits qui atterrissent présentement.

Ainsi, nous pourrons les honorer de nous rejoindre pour nous accompagner à ascensionner jusqu'à l'intemporalité.

Mais, passer outre ce conditionnement collectif n'est pas suffisant pour ne pas être pris dans les filets de la matrice et déjouer ses pièges qui font du jeune enfant un programme à part entière.

Très tôt, celui-ci est formaté pour devenir un esclave de la société, un humain manipulable au service des forces involutives le détournant de façon immuable de ses attributs divins.

Les parents ont ici encore le premier rôle, celui *d'éduquer* leur progéniture selon des codes, des règles bien établis (et surtout non négociables) qu'eux-mêmes ont assimilé dès leur plus jeune âge. Ils sont soutenus et relayés très rapidement par le système éducatif infiltré bien évidemment par la fréquence archontique.

D'ailleurs, dans ce contexte, éduquer a tout son sens. Selon le dictionnaire Larousse, sa définition n'est autre que *former quelqu'un en développant sa personnalité.*

Nous comprenons alors que l'éducation n'a pas d'autre voie que de façonner et renforcer le personnage, l'Égo pour éloigner l'enfant de son Êtreté.

Car rappelons-le, seul le personnage, le corps de souffrance peut être assujetti.

Savoir différencier le concept d'autorité de celui d'autoritarisme est primordial pour sortir de l'emprise de ce fonctionnement grégaire.

Le principe d'autorité est indispensable à chaque humain pour évoluer en toute sécurité dans un environnement qu'il ne maitrise pas ou que partiellement.

Il est alors incarné par celui qui a déjà dépassé cette étape et qui va servir de guide à celui qu'il initie.

De par sa vision plus large, plus expérimentée de ce qui est, il permet ainsi à celui qu'il accompagne d'éviter les écueils et les pièges sans pour autant prendre le pouvoir sur lui.

Cette posture est alors toute naturelle et légitime pour le parent qui guide son enfant dans le début de son voyage terrestre.

Mais jusqu'à aujourd'hui, nombre d'entre eux confondent cet état d'être avec celui qui les relie à l'autoritarisme, principe de domination par excellence.

Nous avons été programmés à obéir à des dictats répondant à des règles de pouvoir et soumission qu'il est grand temps d'abroger tant individuellement que collectivement.

Depuis des éons, l'enfant a été sacrifié et n'a été ni reconnu ni élevé au même rang que l'adulte, le plaçant ainsi dans un état d'infériorité, certains allant même jusqu'à les utiliser tels des objets pour satisfaire leurs besoins les plus immondes.

Inscrit dans l'inconscient collectif, ce regard porté sur les plus jeunes a de nos jours peu évolué.

Les parents continuent de se servir (inconsciemment ou pas) de leur statut d'adulte pour prendre le pouvoir sur leur progéniture, la dirigeant sur un chemin de vie qu'ils estiment le meilleur pour elle. Les choix qu'ils font pour leurs enfants sont avant tout guidés par la conscience collective qui maintient l'humain dans un conditionnement sociétal. Les petits Êtres incarnés, programmés à se soumettre et satisfaire leurs guides terrestres, s'engouffrent alors dans la voie de l'assujettissement qui les détourne graduellement de celle du cœur et donc du plan de Vie élaboré par leur Esprit...

Il est important de prendre conscience que l'organisation pyramidale de la cellule familiale comme telle est à l'origine de notre rapport à toute hiérarchie quel qu'en soit le système allant jusqu'à accepter l'inacceptable...

S'extraire de la matrice, sortir du principe de dualité en se reconnectant à l'Androgynie Primordiale, à l'Unité nous permet, guides terrestres, de nous libérer de cet implant pervers qui nous a fait jouer le rôle de tortionnaire, de bourreau d'enfants, à commencer par les nôtres, dans toutes les lignes de temps.

Le seul statut à respecter et qui n'est pas illusoire est celui de notre Divinité, il prévaut sur tous les autres, que nous soyons enfant ou adulte. La seule différence réside dans le fait que certains d'entre nous ont plus d'expérience dans l'incarnation que d'autres (et encore que de quelques années...), d'où la validation du concept d'autorité.

Au niveau quantique, le pouvoir ne peut exister...Seule la Puissance des Êtres Créateurs que nous sommes est de mise.

LA DÉPROGRAMMATION 2
LE SYSTEME ÉDUCATIF

L'immersion dans la cellule familiale programmée selon le principe de l'autoritarisme est en fait l'étape qui prépare l'enfant né souverain à se soumettre aux règles d'une société dictatoriale qui le détourne habilement et graduellement de son autonomie quantique et donc de sa Puissance. Il devient alors dépendant du système dans lequel il évolue et, par ce fait, alimente malgré lui la matrice astrale comme l'ont fait des générations avant lui...

Le principe de hiérarchie et de prédation est tellement bien ficelé que peu de personnes encore aujourd'hui arrive à percer le voile de l'illusion d'une collectivité au service de l'humain.

En effet, répondant à ce principe, l'ensemble des organisations, sous la juridiction des forces archontiques, est corrompu, à commencer par le système éducatif qui n'a pour d'autre but que de lui apprendre les lois de l'assujettissement et de s'assurer qu'il les respectera dans sa vie d'adulte.

Puisse en déplaire à quelques-uns voire les choquer mais le constat est bien celui-là pour qui voit avec ses yeux et entend avec ses oreilles...

La seule chose que l'enfant va apprendre en allant à l'école est se détourner de Qui Il Est pour ne devenir qu'un esclave de la société dans laquelle il nourrira son corps de souffrance.

Dès son arrivée dans l'institution au plus jeune âge, le petit Être est soumis à des comparaisons d'avec ses semblables tant vis-à-vis de ses aptitudes cognitives, de son développement psychomoteur que de son comportement.

L'immersion dans ce monde de dualité amène très vite l'enfant à se confronter au complexe d'infériorité façonnant alors son égo à réagir à la compétition. Des sentiments tels l'imperfection, l'impuissance, la frustration voire le médiocrisme voient ainsi le jour et l'accompagneront jusque dans sa vie d'adulte, l'empêchant de s'épanouir et de rayonner...

De plus, cette notion de hiérarchie s'engramme très vite dans sa psyché, lui faisant toujours considérer l'autre comme meilleur ou moins bon que lui quel que soit la situation, le domaine. Ainsi, l'enfant est initié à n'exister qu'à travers l'autre, il en devient même dépendant.

Bien évidemment, ce procédé va à l'encontre de la loi divine qui fait de nous, Êtres de Lumière en provenance de la Source Centrale, des Êtres incarnés singuliers, uniques donc incomparables.

En tant qu'Être multidimensionnel, nous avons accès à chaque instant au Savoir Inné que certains appellent la Connaissance. Ce savoir provient de la Source et est à notre disposition du moment que nous en avons besoin dans notre expérience terrienne. C'est en cela que nous parlons d'inspiration.

Ces informations en provenance du Grand Tout sont stockées dans notre canal de Lumière après avoir été réceptionnées par notre Fontaine de Cristal, un de nos corps subtils nous reliant à notre Essence Divine. Elles arrivent à notre conscience humaine en passant par notre cœur vibral dès lors qu'il est nécessaire et sont ensuite traitées, par nos structures cérébrales, notamment notre lobe frontal.

Ainsi, nous sommes des Êtres de nature instruite jusqu'à accéder à la bibliothèque de l'Absolu, de l'Éternité.

Il existe donc un réel danger pour les forces qui nous gouvernent de nous laisser ces informations à disposition.

Quoi de mieux que de courcircuiter ce chemin du Savoir Inné en nous proposant une autre source de connaissances, en provenance de la matrice astrale. Celles-ci, directement captées par notre structure mentale, font barrage à notre inspiration tant est qu'elle puisse encore se frayer une voie pour accéder jusqu'à notre personnage.

Ces connaissances sont transmises insidieusement sous forme de dogmes, de doctrines, de croyances...nous éloignant toujours plus de la Vérité Absolue.

Il est grand temps présentement de sortir nos enfants des griffes des forces archontiques en reconnaissant que nous sommes constamment manipulés et soumis aux règles de leur propagande.

Les programmes éducatifs, scolaires en sont les premiers supports et ce depuis l'école maternelle. Ceux-ci n'ont jamais été élaborés pour accompagner l'enfant dans l'évolution de sa conscience et le servir dans sa vie d'adulte mais pour le maintenir dans une conscience de masse jusqu'à le bétifier...de sorte qu'il n'ait plus la capacité de penser par lui-même et perde son bon sens qui lui ferait observer et dénoncer cette obscène orchestration.

Si les techniques propagandistes insérées dans les dits programmes ont pu être dissimulées jusqu'alors, depuis quelques années déjà elles sont mises en lumière par tous yeux avertis.

En exemple, nous pouvons citer ce qu'il a été fortement conseillé lors de la plandémie COVID19, par circulaire ministérielle (en France) à chaque professeur de la maternelle à l'enseignement supérieur, c'est-à-dire de prendre un temps scolaire pour sensibiliser les élèves à la vaccination dudit virus et surtout pour les amener à considérer les parents réfractaires à l'injection comme maltraitants...N'y voyez surtout aucune dérive sectaire...

L'éducation sexuelle, au sein de l'institution est aussi présentement un excellent socle pour conduire l'enfant à se désidentifier de l'Être Divin qu'il incarne. En effet, très tôt, dès l'école maternelle (début du programme sexuel scolaire, identifié sous l'intitulé *éducation à la vie affective et relationnelle*), il est prestement incité à adhérer à la théorie des genres, sacrifiant ainsi les organes sexuels de naissance jusqu'à les réduire à des pièces interchangeables si l'envie s'en faisait ressentir...Le corps est alors désacralisé et réduit à une simple machine contrôlé par l'esprit mental, lui-même sous contrôle de lignes prédatrices.

Que cherche-t-on à faire alors ? Faire perdre aux enfants des repères essentiels pour encore mieux les asservir ?

En effet, sur un plan sociologique, il est clairement reconnu que le sexe est un facteur déterminant dans la construction identitaire d'un petit enfant au sein d'une communauté.

Ce nouveau processus de castration cible les enfants d'aujourd'hui, en provenance de mondes libres et donc conscients du monde involutif dans lequel ils atterrissent. Les techniques utilisées sur les générations précédentes ne sont plus suffisamment efficaces pour les corrompre et les pervertir. Leur indocilité dérange...

Pour conclure ce sujet, je me permets de dénoncer que les programmes d'éducation à la sexualité préconisés par l'OMS dans le monde entier sont essentiellement basés sur le rapport Kinsey qui n'est, à mon sens qu'une imposture de plus et pas des moindres.

En effet, Kinsey, aux pratiques sexuelles quelques peu masochistes était un médecin chercheur qui, dans les années 1950, a mené des études auprès d'enfants dans le but de démontrer la présence d'orgasmes juvéniles lors de rapports sexuels.

Ses sujets d'expérimentation étaient des orphelins violés par des pédophiles, le plus jeune d'entre eux d'après la conclusion de ses « recherches » était un enfant âgé de 5 mois...

Soyez-en sûrs, le système éducatif, tel qu'il a été pensé et mis en place n'est en aucun cas au service de nos enfants et encore moins à leur nature sacrée.

Nous pouvons alors aisément comprendre pourquoi il est mené actuellement une chasse aux sorcières contre les parents sortis de l'illusion du bien-fondé de l'institution scolaire, de plus en plus nombreux, qui font le choix d'instruire eux-mêmes leurs enfants. En effet, ces derniers, échappant au contrôle sociétal dans les premières années de leur vie terrestre, ont potentiellement le pouvoir de renverser le plan dictatorial instauré depuis des éons, du fait de ne pas être pris au piège tendu par ce système.

Ayez à l'esprit que plus l'humain s'abreuve à cette source de connaissances, moins il a accès à la voie du cœur donc au Savoir Inné. Tellement conditionné, il réfute avec vigueur toute réalité qui n'est pas la sienne et condamne tout Esprit qui dénonce l'organisation d'une telle société.

La programmation dans la matrice de la cellule familiale et du système éducatif est le pilier de l'avilissement du jeune Être incarné.

Ces implants le conditionnent à adhérer aveuglement aux autres systèmes qui régentent la société qu'ils soient économique, politique, religieux... lui donnant l'illusion d'évoluer dans un monde à son service et garantissant ainsi l'aliénation de sa Liberté d'Être.

A contrario, l'enfant reconnu pour Qui Il Est par ses guides terrestres et échappant aux tentacules de l'institution scolaire assoie pour toute sa vie terrestre sa nature divine.

Il restera un Esprit Libre qu'aucune organisation ne peut corrompre si tant est que ses parents ne se soient pas laissés influencer par le dogme de la vaccination soutenu par les instances gouvernementale et médicale.

En effet, dès les premières doses vaccinales reçues, le système immunitaire de l'enfant, qui a pour vocation de participer activement à son homéostasie si nécessaire (cf. chapitre *Notre temple sacré*), s'affole et perd en autonomie. Certains vaccins vont même altérer le codage ADN dans la fabrication des protéines nécessaires à l'autoguérison.

Quelle autre stratégie instillée par l'industrie pharmaceutique aurait été plus efficace pour asservir le petit humain à dépendre très rapidement du système médical et de ses dérives au détriment de son principe d'autoguérison...

OBJECTIF NON-PEUR

Nous sommes pur Amour et notre mission sur Gaïa est de rayonner cette vibration à travers notre avatar physique dans l'unique but de sortir l'humanité de ce monde de dualité, de séparation et de la ramener à son origine christique.

Nous avons évoqué au cours de différents chapitres toutes les malversations qui ont été mises en place pour nous empêcher d'œuvrer avec notre divinité.

Si l'être humain a pu y adhérer puis coopérer sans résistance c'est avant tout parce qu'il s'est laissé prendre dans les filets de la plus grande programmation qu'est la peur, l'antithèse de l'Amour.

Cet égrégore est le fil conducteur de notre survie qui, tout au long de notre séjour terrestre, conditionne nos comportements, nos modes de fonctionnement.

En pénétrant dans la matière, au cœur de la matrice astrale, notre cellule œuf se relie déjà à ce champ électromagnétique du fait de notre blessure originelle de séparation d'avec notre Esprit.

Cette ligne prédatrice est alors le soubassement de notre corps de souffrance et le support de notre subconscient qui nous connecte aux formes pensées correspondantes à chaque distorsion vécue, qu'elle soit individuelle ou collective. Ces schémas de pensées, inscrits dans l'inconscient collectif, sont bien évidemment élaborés par les forces involutives, influençant sans aucun doute nos agissements au sein même de ce monde d'enfermement.

Quoi de plus ingénieux pour asservir tout un peuple et le réduire en esclavage...

Chez l'être humain, la première structure cérébrale impliquée dans le mécanisme de la peur est l'amygdale cérébelleuse, intégrée au cerveau limbique. Suite au traitement d'informations en provenance des récepteurs sensoriels, elle agit comme un système d'alerte qui décode une éventuelle menace. Le cas échéant, l'hippocampe, lieu de mémorisation comportementale, est alerté et confirme ou non la notion de danger.

A cet instant même, la personne identifiée à son corps de souffrance se connecte par l'intermédiaire de son subconscient à l'égrégore de la peur. Dès lors, son activité cérébrale ne fonctionne plus qu'au détriment de son cerveau reptilien qui, en activant l'instinct de survie met tout en œuvre pour écarter le danger.

Son histoire à travers les différentes lignes de temps, stockée au niveau de son cervelet, la guide vers le comportement jugé le plus adapté pour le personnage qu'elle représente ici-bas. Qu'elle soit dans l'affrontement ou la fuite, elle réussit alors à contourner le danger et à se détacher momentanément du sentiment de peur. Mais pour autant, en agissant ainsi, elle continue à alimenter la matrice astrale, ne serait-ce qu'en se connectant à d'autres égrégores tels la colère.

La seule voie de libération systémique est la reconnexion avec son Essence Divine qui en rayonnant l'énergie d'Amour désagrègera tout état émotionnel de l'égo, y compris celui relié à la peur.

En cas de danger de mort, l'humain a recours à un troisième type de comportement, la sidération. Il se retrouve alors dans l'incapacité d'agir, de réagir tant que la menace est présente.

Sur un plan physiopathologique, l'organisme se fige en restant sous le contrôle du système nerveux orthosympathique. Cette sursollicitation, appelée communément stress chronique, conduit à l'épuisement tant physique que psychique.

Cet état rend l'humain très vulnérable et donc facilement manipulable.

Les forces archontiques ont bien compris ce mécanisme de survie précédemment décrit et s'en servent continuellement pour asservir la population.

Si la peur originelle vient du fait de notre séparation avec notre corps d'Êtreté lors de notre première incarnation dans ce monde d'enfermement, elle est réactivée par notre corps de souffrance à chaque changement d'état, notamment lors de deux étapes clés de notre voyage terrestre, la naissance et la mort physiques.

Pour nourrir et conforter cet implant, il a fallu faire croire en premier lieu à l'homme que sa vie n'avait de sens que dans l'incarnation et qu'au-delà de la forme, il n'avait aucune existence.

Les principes religieux, philosophiques, scientifiques et autres, au fil du temps linéaire, y ont largement contribués. Les êtres humains ont alors adhéré à des dogmes qui réfutaient leur origine divine ou tout au mieux les en séparaient le temps de leur expérience terrestre.

C'est ainsi que la substance de la forme a été identifiée dans l'inconscient collectif comme la pièce maitresse voire unique de la Vie désacralisant l'Esprit qui en est lui-même l'Essence.

La mort physique, qui n'est qu'un changement d'état, est vécue comme une fin en soi. Elle acte pour la plupart d'entre nous encore aujourd'hui la fin de son existence, lui donnant l'illusion d'une confrontation au néant.

Cette programmation, chère aux archontes, a été essentielle pour construire un monde confiné dans lequel l'énergie de la peur a pu jouer son rôle avec brio, celui d'hypnotiser, de sidérer le collectif afin de l'empêcher de retrouver sa Souveraineté, son Autonomie Quantique.

Quoi de plus facile alors que de faire régner la peur sur une planète en créant des circonstances propices à un climat de terreur continuelle...Des conflits mondiaux incessants, des guerres à répétition aux pandémies mortelles, en passant par des attentats sous faux drapeau et j'en passe... Les forces involutives, infiltrées dans toutes les organisations stratégiques de la planète Terre ne reculent devant rien et n'ont aucune limite.

Leur seul but est d'entretenir à tout prix cet environnement terrorisant au risque de sacrifier des humains lors de certaines opérations.

L'homme, en reliance avec ces évènements au quotidien par les médias, les réseaux sociaux se sent en permanence en état d'alerte maximale, en danger de mort. Son cerveau reptilien, téléguidé par son subconscient, devient le seul maitre à bord, activant sans répit son programme de survie...

Au-delà de nourrir inconsciemment ce gigantesque égrégore qu'est la peur, il devient alors une proie facile répondant aux injonctions sans aucune manifestation.

Et aussitôt qu'un évènement s'essouffle, un autre est créé pour l'empêcher de se libérer de ce champ vibratoire prédateur et de se reconnecter à l'Amour, son antithèse.

Si depuis l'enfermement dans la matrice, le procédé a toujours été le même, l'enchainement des situations ainsi créées s'est présentement intensifié, créant un chaos planétaire. Ceci a pour but de ne laisser à l'humain, en pleine ascension spirituelle aucun temps pour retrouver sa vraie nature.

Mais, la Lumière étant pleinement à l'œuvre pour réveiller la conscience de masse, l'accélération du rythme de ces épisodes de peur n'est-elle pas aussi un des détonateurs pour déchirer les voiles de l'illusion ?

J'ai pleinement conscience qu'il est très difficile pour certains d'entre nous de reconnaitre et d'accepter que nous nous sommes faits berner de la sorte mais c'est la première étape pour ne plus y adhérer et sortir de ce jeu macabre.

En effet, du moment que nous observons la supercherie en nous reliant à notre Essence Divine, aucun des évènements projetés dans la matrice ne peut nous atteindre. Nous ne voyons plus qu'une grotesque pièce de théâtre sur laquelle nous sommes juste invités à poser un regard d'Amour.

Il est alors aisé de comprendre comment la peur a pu se propager dans les différentes sphères de notre vie d'autant que nombre de dogmes, de doctrines, de mythes insérés dans l'inconscient collectif sont venus asseoir cet état émotionnel permanent de notre corps de souffrance. Ces fausses croyances ont largement contribué à altérer notre conscience jusqu'à nous détourner de la Vérité Absolue. La peur de la maladie, la peur du manque, la peur de l'inconnu en ont été les principales conséquences...

Le milieu de la parentalité n'a pas échappé à cet embrigadement. Nous l'avons exposé tout du long de ce modeste ouvrage.

Que nous soyons futurs parents, parents ou professionnels de la naissance, dès l'instant que nous ne nous identifions qu'à notre personnage, nous vibrons la peur à toutes les étapes de la grossesse, de la fécondation à l'enfantement.

C'est ainsi que le petit Être, au contact de ses guides terrestres, va se retrouver dès son entrée dans la matière aux prises de cet égrégore, l'empêchant de rayonner sa vraie nature.

Nombre d'entre nous expriment leur inquiétude d'offrir à leur progéniture un monde délabré où la peur est omniprésente. Les plus affectés défient même le principe divin de création jusqu'à dans certains cas ne pas l'honorer.

Mais il est temps d'endosser nos responsabilités d'Êtres Divins.

En effet, tant que nous ne prendrons pas conscience que cet environnement malsain ne peut exister qu'au travers notre adhésion à ce système pernicieux, le climat d'insécurité perdurera et la peur restera le fil conducteur de chaque vie terrestre nous détournant de la Réalité.

Retrouvons en chacun de nous cette énergie d'Amour pour la répandre sur Gaïa et offrir à chaque Esprit qui atterrit un espace dans lequel il pourra se déployer pleinement et œuvrer lui-même dans ce rayonnement luminique.

L'heure est venue d'assumer notre Éternité. Ainsi nous retrouverons notre Liberté d'Être et permettrons à nos frères et sœurs d'Éternité qui s'incarnent en ces temps de ne pas délester la leur le temps de leur voyage terrestre.

ET MAINTENANT...

Le temps des révélations est bien là pour qui a des yeux pour voir et des oreilles pour entendre.

Dès lors que nous sommes informés des distorsions du monde dans lequel nous évoluons, le basculement de conscience est imminent.

Nous intégrons que la réalité projetée n'est qu'illusion et n'a d'existence qu'à travers notre système de pensées, nos croyances, nos modes de fonctionnement qui alimentent une matrice pourtant dissoute depuis plusieurs années déjà.

Présentement, il est de notre responsabilité de ne plus agir en tant que simple humain mais d'incarner pleinement l'Être Divin que nous sommes réellement pour assumer pleinement notre mission commune qui est de transmuter en Lumière toute perversion nous ayant privé de notre Liberté d'Être.

Si, en rayonnant cette énergie à chaque instant de notre vie, nous participons activement au démantèlement de cette organisation archontique, ce n'est qu'en agissant au cœur de la naissance en tant qu'alchimistes que nous accomplirons le Grand Œuvre.

Nous, guides terrestres déjà incarnés en avons la responsabilité pour honorer la venue sur terre de nouveaux Esprits qui viennent nous soutenir dans ce processus de libération, forts de leurs expériences au sein d'autres mondes.

Mais, à ce jour, les conditions d'accueil les empêchent d'œuvrer librement. Il est donc urgent d'oser nous révéler à notre Êtreté pour les accompagner dignement dans leur accomplissement.

Si l'épreuve de l'enfermement dans la matrice astrale faisait partie intégrante d'un processus divin dans le but d'expérimenter nos polarités désunifiées, celle-ci est arrivée à sa fin. L'heure des retrouvailles a sonné, il est grand temps de se réveiller...

Persister à vouloir qu'un petit Être nouvellement atterri sur Gaïa s'adapte à la société telle qu'elle fonctionne depuis des éons est caduque. Toutes les organisations, jusqu'à même celle qui régente la cellule familiale, sont obsolètes.

Mais le nouveau monde que beaucoup de gens attendent ne réside pas tant dans le fait de réformer ce système pernicieux que de reconnaitre intérieurement la nature divine qui anime chaque être humain.

En effet, le changement de paradigme ne peut s'initier qu'en se reconnectant à son Essence Originelle qui contient toutes les clés nécessaires pour l'amorcer.

Plus aucun enfant ne doit alors être sacrifié et chacun d'eux doit être reconnu pour l'Être de Lumière qu'Il Est.

Respecter son processus d'incarnation à chaque étape, de la fécondation à l'enfantement, est essentiel afin qu'il atterrisse sur Gaïa avec tous ses attributs divins pour mener à bien son plan de Vie.

Son arrivée sur terre est un sacrement qui doit être célébré ainsi par ses parents soutenus eux-mêmes par des professionnels de la naissance libérés des diktats matriciels.

Lui offrir les conditions d'un environnement propice à l'épanouissement de son Êtreté les premières années de son voyage terrestre, se traduisant avant tout par la manifestation de sa sécurité intérieure, lui permettent de garder son Autonomie Quantique et de rester Souverain en toute circonstance.

Ainsi, il peut jouir pleinement des joyaux de la Terre Mère et vivre cette expérience incarnée dans la félicité, se détournant des codes grégaires qui régissent l'humanité depuis des centaines de milliers d'années.

Accompagner comme tel par ses guides terrestres, il a alors les capacités à leur enseigner le chemin de la libération afin qu'eux-mêmes assument pleinement Qui Ils Sont.

Sans cette démarche responsable qui implique chaque être humain de la planète, il est illusoire de croire en une nouvelle réalité, un nouveau monde...

C'est en effet en rapatriant à notre sein les codes divins que nous nous reconnectons à notre pouvoir de Création.

Ce nouveau monde, que chacun espère tant, n'est autre qu'une version des retrouvailles avec notre Esprit, dans lequel nous sortons de la dualité pour vibrer à l'unisson de l'Unité, de l'Androgynie Primordiale, de l'Amour.

C'est alors que chaque projet, émanant de notre cœur, en aura cette saveur. Accordé à notre plan de vie, il sera au service de la Lumière et ne pourra donc porter préjudice à quiquonque.

L'alchimiste en chacun de nous pourra œuvrer à sa juste place, continuant à créer sa propre réalité pour ascensionner graduellement et retrouver l'Éternité.

Ainsi, à chaque étape de son ascension, il accédera à un nouveau monde...

Agapé

À PROPOS DE L' AUTEURE

Si Florence Bertin explore le monde de la naissance déjà depuis une quarantaine d'années dont les vingt premières en tant que sage-femme, ce n'est qu'en sortant du cadre institutionnel que son regard sur l'enfantement a pu changer et prendre une toute autre dimension jusqu'à y reconnaitre sa nature sacrée.

L'expérience matricielle lui a été nécessaire pour comprendre les rouages d'une organisation qui a obscurci le processus divin de la naissance de telle sorte que la médecine a pu se l'approprier et le pervertir.

Aujourd'hui, elle accompagne les petits Êtres dans leur processus d'incarnation, certains même avant leur arrimage dans la matière et soutient leurs parents dans cette vision quantique de l'enfantement.

En complément de son activité de thérapeute, elle a créé une formation *La Santé 5D* qui permet aux personnes désireuses d'évoluer tant sur un plan personnel que professionnel de se reconnecter graduellement à leur Êtreté en abordant dans un premier temps une vision holistique de la Santé pour les amener progressivement à intégrer la mécanique quantique de la naissance et y retrouver leur nature originelle.

Pour joindre l'auteure :
contact@florencebertin.com
Pour en savoir plus sur ses activités de formation :
www.florencebertin.com